Maria Montessori

L'enfant

Préface de Jeanne-Françoise Hutin

Traduit de l'italien
par Georgette J.-J. Bernard

Formation

DESCLÉE DE BROUWER

76 *bis*, rue des Saints-Pères, 75007 Paris
Nouvelle édition 1992 : ISBN 2-220-03265-5

Préface

Cet ouvrage *L'enfant* peut étonner. Étonner tant ce qui y est exposé concerne l'ordinaire de la vie, tant ce qui y est proposé est nouveau, face à cet ordinaire auquel on ne réfléchit même plus. Mais ce livre peut en même temps rassurer, car ce qui est dit est nouveau certes, mais semble découler de soi : comme une réponse adaptée aux situations concrètes dans lesquelles se trouvent les enfants d'aujourd'hui et aux questions que se posent parents et éducateurs.

Maria Montessori apporte ici, à la fois un nouveau regard sur le tout jeune enfant de 0 à 6 ans, et une nouvelle voie pour l'accompagner sur le chemin de sa croissance, pendant cette période fondatrice de son avenir.

Ce nouveau regard permet de découvrir en l'enfant cette étincelle de vie, ce potentiel humain qui tente de se manifester de façon tout à fait spécifique, potentiel à partir duquel tout s'organise en l'enfant et à partir duquel se déploie son petit être.

Cette nouvelle voie de l'éducation cherche à libérer en l'enfant ce potentiel afin qu'il s'épanouisse ; à le libérer en enlevant les obstacles qui peuvent se dresser sur son chemin, et en lui offrant un milieu de vie dans lequel il puisse exercer ce qui est en train de naître en lui et découvrir ce dont il a besoin.

Voilà le mot important dans ce livre : « le besoin de l'enfant, le besoin de la vie, le besoin de la croissance. » Montessori, comme tout médecin, sait bien que toute vie se développe à partir d'un germe, qu'elle nomme « embryon spirituel » pour l'homme. Elle sait aussi que le bon développement de ce germe dépend certes de sa qualité propre, mais aussi de ce qu'il aura absorbé de ce milieu qui l'accueille. Maria Montessori avance au début de ce siècle une idée qui ne cesse depuis de se préciser : l'enfant porte en lui le plan de son développement, et nous pouvons l'aider en organisant la vie autour de lui pendant cette première partie de sa vie, de sorte qu'il y trouve lui-même, et y prenne, ce dont il a besoin pour devenir un homme.

L'enfant, écrit en 1935 et que les Éditions Desclée de Brouwer rééditent aujourd'hui, est d'une actualité saisissante. En s'appuyant sur des exemples pris dans les situations courantes il dresse un constat très actuel de ce que vit l'enfant en profondeur, face à ce qui constitue la trame ordinaire de sa vie. Tout ceci est écrit avec des mots simples et compréhensibles par tous.

C'est véritablement l'enfant, et non une théorie abstraite, qui apparaît tout au long de ces lignes ; c'est l'enfant, et non une méthode, c'est son comportement réel, celui que tout un chacun peut observer dans le cours de sa propre vie.

L'éducation ne peut plus être considérée comme un système, ni une technique : elle est en fait comme un geste qui permet à l'enfant, à tout enfant, d'accomplir « la mission » qui lui est propre, celle qui lui est impartie :

le développement de son être, sa venue à la dimension adulte, « sa genèse », pour reprendre un terme judéo-chrétien.

Ce livre est une force de propositions éducatives, ouverte et dense, à partir de laquelle tout parent, éducateur ou professeur peut mieux comprendre ce qui se passe en l'enfant et trouver une direction, une attitude qui permettent de mieux répondre aux quêtes de l'enfant.

Il est comme une porte ouverte sur un chemin permettant de trouver des réponses toujours neuves, qui concilient la satisfaction des besoins de l'enfant et les incontournables contraintes du monde contemporain. Ce monde et ses astreintes exigent que les hommes et les femmes se trouvent en pleine possession de leur humanité, c'est-à-dire qu'ils aient une personnalité suffisamment forte pour faire face aux bouleversements et adaptations constantes que la vie impose à l'homme. Ce monde a également besoin d'hommes ouverts aux autres, sachant cheminer avec eux sans perdre leur âme, des hommes capables de conjuguer leurs efforts pour avancer et de s'adapter aux mutations, capables d'initiatives. Ce monde appelle aussi des hommes ayant acquis les outils nécessaires à la vie qu'il leur propose.

Si on ne permet pas à ces qualités, strictement humaines, de se déployer dès le début de la vie, elles risquent de s'émousser et même dans certains cas de disparaître. Montessori montre comment il est possible de mobiliser en l'enfant toutes ces qualités qui dès les premières années de sa vie résident en lui. Ce message est plein d'espérance.

L'enfant, cet être neuf, apporte au monde la sève qui sans cesse le revigore. Il empêche l'écorce de s'épaissir. Il permet que l'humanité garde toujours ce regard neuf qui croit en la vie et veut agir. Ce regard et cette volonté, le monde en a besoin plus que jamais.

Ce livre est comme un appel adressé à nos sociétés afin qu'elles essaient de regarder l'enfant avec confiance, afin aussi qu'elles se mobilisent davantage pour aider les enfants à grandir dans le sens de leur humanité. Il donne des indications qui peuvent guider notre geste ; Péguy disait que tout ce que l'on fait, on le fait pour l'enfant. L'action de Montessori s'est centrée sur l'enfant, en vue de l'édification de son être nouveau. Sa recherche fait partie du patrimoine de l'humanité.

Jeanne Françoise HUTIN

I

La question sociale de l'enfant

Un mouvement social se développe depuis quelques années déjà en faveur de l'enfant, sans avoir été organisé ni dirigé par aucun initiateur. Il a surgi comme une évolution naturelle dans une terre volcanique où s'allument çà et là des foyers épars. C'est ainsi que naissent les grands mouvements. Sans doute, la science y a-t-elle contribué ; on peut la considérer comme l'initiatrice du mouvement social de l'enfant. L'hygiène a commencé par combattre la mortalité infantile ; elle a ensuite démontré que, scolairement, l'enfant était une victime du travail, un martyr méconnu, un condamné à vie, en tant qu'enfant, puisque, finie l'époque de l'école, l'état d'enfant est fini, lui aussi. L'hygiène scolaire le décrit malheureux, l'âme contractée, l'intelligence fatiguée, les épaules courbées, la poitrine rétrécie jusqu'à le prédisposer à la tuberculose ; ce n'est pas devant un travail d'ouvrier qu'on le met, mais devant sa condamnation.

Enfin, après trente années d'études, nous le considérons comme l'être humain oublié par la société, et plus encore par ceux-là même qui l'aiment, qui lui donnent et lui conservent la vie. Qu'est-ce que l'enfant ? C'est le dérangeur de l'adulte fatigué par des occupations toujours plus pressantes. Il n'y a pas de place pour l'enfant dans la maison de plus en plus réduite de la ville moderne, où les familles s'entassent. Il n'y a pas de place pour lui dans les rues, parce que les véhicules se multiplient et que les trottoirs sont encombrés de gens pressés. Les adultes n'ont pas le temps de s'occuper de lui, quand la besogne est urgente. Le père et la mère vont tous les deux au travail ; et quand il n'y a pas de travail, la misère opprime l'enfant et l'entraîne avec les adultes. Mais, même dans les conditions les meilleures, l'enfant est relégué à la nursery, avec des étrangers payés ; et il ne lui est pas permis d'entrer dans la partie de la maison réservée à ceux qui lui ont donné la vie. Il n'y a pas un refuge où l'enfant puisse sentir que son âme sera comprise, où son activité pourra s'exercer. Il faut qu'il reste tranquille, qu'il se taise, qu'il ne touche à rien parce que rien n'est à lui. Tout est la propriété intangible de l'adulte, tabou pour l'enfant. Et où sont ses affaires à lui ? Il n'en a pas. Il y a seulement quelques dizaines d'années, il n'existait même pas de chaises pour l'enfant. De là cette fameuse phrase — qui, aujourd'hui, n'a plus qu'un sens métaphorique : « Je t'ai tenu sur mes genoux quand tu étais enfant », ou bien : « Tu as appris cela sur les genoux de ta maman ». Si l'enfant s'asseyait sur les meubles paternels, il était grondé ; s'il s'asseyait par terre, il était grondé ; s'il s'asseyait sur l'escalier, il était grondé ; il fallait qu'un adulte daignât le prendre sur ses genoux pour qu'il pût s'asseoir. Voilà donc la situation de l'enfant qui vit dans l'ambiance de l'adulte : c'est un dérangeur qui cherche, et ne trouve rien pour lui ; qui entre, mais qui est expulsé. Sa position est comme celle d'un homme sans droits civiques et sans ambiance propre : un extra-social, que tout le monde peut traiter sans respect, insulter, battre, punir, en exerçant un droit reçu de la nature : le droit de l'adulte.

L'adulte, par un phénomène psychique mystérieux, a oublié de préparer une ambiance pour son enfant. Dans l'organisation sociale, il a oublié son fils. Dans l'élaboration des lois successives il a laissé son propre héritier sans lois et, par conséquent, hors la loi. Il l'a abandonné sans direction à l'instinct de tyrannie qui existe au fond de chaque c—ur d'adulte. Voilà ce qu'on peut dire sur l'enfant qui arrive, apportant au monde des énergies fraîches ; elles devraient pourtant être le souffle purificateur qui, de génération en génération, chasse les gaz asphyxiants accumulés durant une vie humaine d'erreurs.

Mais, brusquement, l'oubli vient d'apparaître. Il est perçu par cette société restée aveugle et insensible pendant des siècles, sans doute depuis l'origine de l'espèce humaine. L'hygiène est accourue comme on accourt à l'encontre d'un désastre, d'un cataclysme qui a déjà fait d'innombrables victimes. Elle a lutté contre la mortalité infantile dans la première année de l'enfance ; les morts étaient si nombreux que l'on pouvait traiter ceux qui restaient de survivants, comme des êtres ayant échappé à un carnage universel. Quand l'hygiène eut pénétré dans le peuple et qu'elle fut diffusée en tant qu'élément vital, elle réussit à donner à la vie de l'enfant un aspect nouveau, cela depuis le début de ce XXe siècle. Les écoles se sont transformées de telle façon que celles qui datent seulement d'une dizaine d'années semblent vieilles d'un siècle. Les principes d'éducation sont entrés dans une voie de douceur et de tolérance, aussi bien dans les familles que dans les écoles.

Mais, en dehors des résultats acquis par le progrès scientifique, il y a, épars, des initiatives dictées par le sentiment. Beaucoup de réformateurs d'aujourd'hui tiennent compte de l'enfant : dans la construction des villes, on fait des parcs pour les enfants ; dans la construction des places, on pense aux terrains de jeux pour les enfants ; dans l'organisation des théâtres, on pense aux théâtres pour les enfants ; on imprime des journaux et des livres pour les enfants, on organise des voyages pour les enfants ; et voilà que, dans l'industrie, les fabricants pensent aux enfants : ils fabriquent pour eux des meubles, de la vaisselle proportionnée ; l'organisation consciente des classes s'étant enfin développée, on a cherché à organiser les enfants ; à leur donner le sentiment de la discipline sociale et de la dignité qui en dérive pour l'individu, comme cela se produit dans certaines organisations telles que les boys-scouts et les républiques d'enfants. Les réformateurs politiques, révolutionnaires de notre époque, s'emparent de l'enfant pour en faire l'instrument docile de leurs projets. Partout, tant pour le bien que pour le mal, dans le but pur de l'aider comme dans le but intéressé de se servir de lui, l'enfant est maintenant présent. Il est né en tant qu'individu social. Il est fort ; il entre partout. Ce n'est plus seulement un membre de la famille ; ce n'est plus l'enfant qui, le dimanche, dans ses vêtements de fête, se promenait en donnant la main à papa, docile, attentif à ne pas tacher ses vêtements. Non, l'enfant est une personnalité qui a envahi le monde social.

Alors, tout ce mouvement autour de lui prend sa signification. Comme je le disais plus haut, il n'est ni provoqué ni dirigé par des initiateurs ; aucune organisation ne le coordonne, et cela prouve bien que l'heure de l'enfant a sonné. Il se pose donc, dans toute sa puissance, une question sociale considérable : *La Question Sociale de l'Enfant*.

Il faut se rendre compte de la portée d'un mouvement social en faveur de l'enfant : il a une importance immense pour la société, pour la civilisation et pour l'humanité entière. Toutes les œuvres éparses qui se sont créées sans lien entre elles sont bien l'indice qu'elles n'ont pas une importance constructive ; elles sont seulement la preuve qu'une poussée réelle et universelle est en route, qui représente une grande réforme sociale tout autour de nous. Oui, cette réforme est grande ; elle annonce des temps nouveaux ; une ère nouvelle de la civilisation ; nous sommes les derniers survivants d'une époque, maintenant révolue, dans laquelle les hommes ne s'occupaient que de se construire une ambiance commode et facile pour eux-mêmes, une ambiance pour l'humanité adulte. Nous sommes maintenant au seuil d'une autre époque : celle dans laquelle il faudra travailler pour deux humanités : l'humanité de l'adulte et l'humanité de l'enfant. Et nous allons vers une civilisation qui aura deux ambiances sociales à préparer, deux mondes différents : le monde de l'adulte et le monde de l'enfant.

Le travail qui nous attend n'est pas l'organisation froide et extérieure des mouvements sociaux déjà engagés. Il ne s'agit pas de fournir une coordination aux diverses prévoyances sociales publiques et privées en faveur des enfants, pour les organiser ensemble. Nous serions alors des adultes s'organisant pour aider un objet extérieur : l'enfant.

La question sociale de l'enfant pénètre, bien au contraire, avec ses racines, dans la vie intérieure ; elle se répand sur nous, adultes, pour secouer notre conscience, pour nous rénover. L'enfant n'est pas un être étranger que l'adulte peut ne considérer que de l'extérieur, avec des critères objectifs. L'enfant est la partie la plus importante de la vie de l'adulte. Il est le constructeur de l'adulte. Le bien ou le mal de l'homme mûr a des liens d'étroite dépendance avec la vie de l'enfant qui est à son origine. C'est sur l'enfant que tomberont et se sculpteront toutes nos erreurs, et c'est lui qui en portera les fruits indélébiles. Nous, nous serons morts ; mais nos enfants subiront les conséquences du mal qui aura pour toujours déformé leur âme. Le cycle est continu : on ne peut pas le rompre. Toucher à l'enfant, c'est toucher au point le plus sensible d'un tout qui a des racines dans le passé le plus lointain et qui se dirige vers l'infini de l'avenir. Toucher à l'enfant, c'est toucher au point délicat et vital où tout peut encore se décider, où tout peut encore se rénover, où tout est ardent de vie, où sont enfermés les secrets de l'âme, parce que c'est là que s'élabore la création de l'homme. Travailler consciemment pour l'enfant et aller jusqu'au bout dans l'intention prodigieuse de le sauver, équivaudrait à conquérir le secret de l'humanité, comme furent conquis déjà tant de secrets de la nature extérieure.

La question sociale de l'enfant est comme une petite plante neuve qui sort à peine de la surface et qui nous attire par sa fraîcheur. Mais, si nous voulons cueillir cette petite plante, nous lui découvrons de dures racines, des racines qui ne s'arrachent pas. Il nous faut creuser, creuser la terre, aller toujours plus profondément pour apercevoir que les racines s'enfoncent dans toutes les directions, s'étendent comme en un labyrinthe. Celui qui serait capable de tirer cette plante aurait à remuer toute la terre.

Ces racines sont le symbole du subconscient dans l'histoire de l'humanité. Il faut remuer des choses statiques restées dans l'esprit de l'homme et qui l'ont rendu incapable de comprendre l'enfant et d'acquérir la connaissance intuitive de son âme. L'impressionnante cécité de l'adulte, son insensibilité envers ses fils — les fruits de sa propre vie — ont certainement des racines profondes qui se sont étendues à travers les générations ; et l'adulte qui aime l'enfant, mais qui le méprise inconsciemment, provoque chez lui une souffrance secrète, qui est le miroir de nos erreurs, un avertissement pour notre comportement. Tout cela revèle un confit universel, resté inconscient, entre adulte et enfant. La question sociale de l'enfant nous fait pénétrer dans les lois de la formation de l'homme et nous aide à nous créer une conscience neuve et, par conséquent, à donner une nouvelle orientation à notre vie sociale.

Le nouveau-né

On m'a parlé d'un homme qui vivait dans l'obscurité la plus profonde ; ses yeux, comme du fond d'un abîme, n'avaient jamais vu la plus légère clarté.

On m'a dit qu'un homme vivait dans le silence : jamais le bruit le plus imperceptible n'avait atteint son oreille...

J'entendis parler d'un homme qui vivait immergé dans l'eau : une eau d'une étrange tiédeur ; et qui, brusquement, sortit à l'air dans les glaces.

Il déploya ses poumons qui n'avaient jamais respiré (les supplices de Tantale seraient minces en comparaison...) mais il sortit victorieux. L'air détendit d'un trait ses poumons repliés depuis toujours, et alors, l'homme cria.

Et l'on entendit sur la terre une voix tremblante que jamais on n'avait entendue, sortant d'une gorge qui n'avait jamais vibré.

*
* *

C'était l'homme qui sortait du repos. Qui pourrait imaginer ce qu'est le repos absolu, le repos de celui qui n'a même pas le mal de manger parce que d'autres mangent pour lui, qui vit dans l'abandon de toutes ses fibres parce que d'autres tissus vivants fabriquent la chaleur nécessaire à sa vie ? Ses tissus les plus intimes n'ont pas à travailler pour le défendre des poisons et des bacilles, parce que d'autres tissus font ce travail pour lui. Et l'oxygène lui est donné sans qu'il respire, par un privilège unique.

Seul, son cœur a travaillé. Avant même de venir au monde, son cœur a battu deux fois plus vite que tout autre cœur. Et je compris que celui-là, c'était le cœur d'un homme.

Et maintenant, le voilà qui s'avance, qui assume tous les travaux, blessé par la lumière et par le bruit, fatigué jusque dans les fibres les plus intimes de son être, poussant le grand cri :

Pourquoi m'as-tu abandonné ?

*
* *

L'enfant qui naît n'entre pas dans une ambiance naturelle : il entre dans la civilisation où se développe la vie des hommes. C'est une ambiance fabriquée en marge de la nature, dans la fièvre de faciliter la vie de l'homme et son adaptation.

Mais quelle Providence la civilisation a-t-elle suscitée pour aider le nouveau-né, pour aider l'homme qui accomplit ce suprême effort de passer, par la naissance, d'une vie à une autre ?

Ce passage devrait être l'objet d'un traitement scientifique en faveur de l'enfant nouveau-né. A aucune autre époque de son existence, l'homme ne rencontre une pareille occasion de luttes et de contrastes et, par conséquent, de souffrances.

*
* *

Quand l'humanité aura acquis une pleine compréhension de l'enfant, elle trouvera pour lui des soins plus perfectionnés.

Il n'y a que très peu de temps qu'on a commencé à étudier, à Vienne, le moyen de remédier à l'inconfort du nouveau-né : la partie du lit où l'enfant doit se poser en naissant est réchauffée, et l'on a concu des matelas en matière absorbante qui se jettent et que l'on renouvelle chaque fois qu'ils sont mouillés.

Ces moyens ne sont que le début d'une très importante évolution : celle de la conscience de l'adulte qui commence à comprendre l'enfant.

Les soins au nouveau-né ne doivent pas se limiter à le défendre contre la mort, à l'isoler contre les agents infectieux comme on le fait aujourd'hui dans des cliniques où les nurses se couvrent la figure pour que leur souffle n'effleure pas l'enfant.

Le *« traitement psychique de l'enfant »* pose des problèmes dès la naissance de celui-ci. Il faut faciliter son comportement avec le monde extérieur.

On pense, dans les familles riches, à la magnificence des berceaux et aux dentelles précieuses pour les robes du nouveau-né. Mais le luxe est appliqué à des objets de tourment. Si le fouet était en usage, il y aurait des fouets à manche d'or incrusté de pierreries pour enfants riches.

Ce luxe souligne bien l'absence totale de considération pour le point de vue psychique de l'enfant. C'est le confort et non le luxe que la richesse des familles devrait apporter aux enfants privilégiés.

Le confort, pour eux, serait d'avoir un refuge contre

les bruits de la ville, où l'on pourrait modérer et corriger la lumière. La température chaude et régulière qu'on sait obtenir depuis longtemps déjà dans les salles d'opération devrait être celle où vit l'enfant nu.

Un autre problème est celui qui se pose pour transporter l'enfant nu en réduisant au minimum la nécessité de le toucher avec les mains. L'enfant devrait être pris et soutenu au moyen d'une espèce de hamac en filet délicatement rembourré, qui soutiendrait le corps de l'enfant, dans une position analogue à sa position prénatale.

Ces soutiens devraient n'être maniés qu'avec délicatesse par des mains minutieusement préparées. Le déplacement horizontal réclame une habileté particulière. Il y a une technique spéciale pour soulever le malade et le transporter horizontalement et doucement. Personne ne transporte un malade verticalement. On le déplace au moyen d'un soutien souple, délicatement glissé sous son corps, afin que sa position ne soit pas altérée.

Or le nouveau-né est un infirme. Comme la mère, il a traversé un péril de mort. La joie que l'on a à le voir vivant vient du soulagement que l'on éprouve après qu'il a couru un tel danger. Il arrive que l'enfant demeure à moitié étranglé et qu'il ne revive qu'à l'aide de la respiration artificielle ; quelquefois, sa tête est déformée par un hématome. On doit donc vraiment le considérer comme un malade. On ne peut pourtant pas l'assimiler à un malade adulte. Ses besoins ne sont pas ceux d'un infirme, mais de quelqu'un qui fait un inconcevable effort d'adaptation, accompagné des premières impressions psychiques d'un être qui vient du néant, mais qui est sensible. J'ai vu un nouveau-né qui, à peine sauvé de l'asphyxie, fut plongé dans une baignoire posée par terre : et, tandis qu'on le baissait rapidement pour l'immerger, il ferma les yeux et tressaillit en étendant les bras et les jambes, comme quelqu'un qui se sent choir.

Et ce fut sa première expérience de la peur.

*
* *

En faisant un parallèle entre les soins donnés à l'enfant et ceux donnés à la mère, on se rend plus clairement compte de l'erreur commise.

La mère est laissée immobile tandis que le nouveau-né est transporté loin d'elle pour que sa présence ne la dérange pas. On ne le ramène auprès d'elle qu'aux heures où elle doit le nourrir. On passe à l'enfant, pour ces allées et venues, de belles robes, des ornements de rubans et de dentelles. Cela correspond à ce que serait, aussitôt après la naissance du bébé, l'obligation pour la mère de se lever, de s'habiller élégamment, comme pour une réception. On transporte le nouveau-né pour le plonger dans son bain et pour le frotter et le poudrer, comme on ferait pour un enfant plus grand. Et c'est comme si la mère se levait et marchait jusqu'à la salle de bains pour procéder à une minutieuse toilette, en parlant à sa femme de chambre, à son coiffeur, etc.

L'enfant est apporté à la mère pour ses repas, secoué par les mouvements de ceux qui le portent dans leurs bras : et cela correspond à ce que serait, pour la mère, l'obligation de monter en auto pour aller dîner dans un grand hôtel, exposée à subir les secousses de l'auto passant sur une route mal pavée.

On enlève l'enfant de son berceau et on l'y remet en l'élevant jusqu'au niveau de l'épaule de l'adulte qui doit le transporter ; et puis, de nouveau, on le baisse pour le mettre sur le lit, auprès de sa mère. Et cela correspond à ce que serait pour la mère l'obligation de monter et de descendre par un ascenseur qui aurait perdu le contrôle de son mécanisme.

Personne n'oserait demander à la mère de sortir de chez elle deux ou trois jours après la naissance de l'enfant pour assister au baptême, à l'église. Pourquoi en use-t-on différemment pour le nouveau-né ?

On invoque le prétexte qu'il est sans connaissance et qu'il n'éprouve ni souffrance ni plaisir. Que dire, alors, des soins prodigués aux malades en état d'inconscience ? C'est le besoin de secours et non pas la conscience de ce besoin qui réclame l'attention de la science et du sentiment.

Non ! aucune justification n'est possible...

Il y a, dans l'histoire de la civilisation, une lacune. Il existe, à la première époque de la vie, une page blanche sur laquelle personne n'a encore rien écrit, parce que personne n'a scruté les premiers besoins de l'homme. Et pourtant nous devenons chaque jour plus conscients de cette impressionnante vérité, illustrée par tant d'expériences, que les malaises du premier âge (et même ceux de l'époque pré-natale) influent sur toute la vie de l'homme. La vie de l'embryon et la vie de l'enfant contiennent (tout le monde le reconnaît aujourd'hui) le salut de l'adulte, le salut de la race. Alors, pourquoi ne considère-t-on pas la naissance comme la crise de l'existence la plus difficile à surmonter ?

L'embryon a grandi dans un lieu où il était à l'abri de tout heurt, de toute variation de température ; dans un liquide moelleux et uniforme créé spécialement pour son repos ; où ne l'a jamais atteint le moindre rayon de lumière, le plus léger bruit... et le voilà qui change d'ambiance pour venir brusquement à l'air, sans passer par les successives transformations du têtard qui devient grenouille. Il arrive dans l'ambiance de l'homme adulte avec ses yeux délicats qui n'ont jamais vu le jour, avec ses oreilles épargnées jusqu'alors par le bruit. Son corps qui n'a jamais subi aucun heurt est exposé maintenant aux contacts brutaux, manié par les mains sans âme de l'adulte, qui oublie sa délicatesse digne de vénération.

Le contraste entre ces deux ambiances de vie n'est pas la seule souffrance qu'il trouve en naissant. Il faut que lui, qui s'est toujours reposé, supporte tout à coup le travail fatigant de naître par ses propres moyens : son corps a été serré comme dans une machine fatale qui l'a comprimé jusqu'à lui rompre les os. Il nous arrive accablé par le contraste entre un repos absolu et l'inconcevable effort qu'il a dû fournir pour naître. Il est comme un pèlerin qui arrive de pays lointains.

Or, nous ne le comprenons pas. Pour nous, il n'est pas un homme. Quand il arrive dans notre monde, nous ne savons pas le recevoir ; et pourtant le monde que nous avons créé lui est destiné ; c'est lui qui doit le continuer et le faire avancer vers un progrès supérieur au nôtre.

« Il vint au monde
Et le monde fut fait *pour lui*.
Mais le monde ne le reconnut pas.
Il vint à sa propre maison
Et les siens ne le reçurent pas... »

L'embryon spirituel

« L'embryon spirituel », c'est le nouveau-né, considéré comme un esprit enfermé dans la chair pour venir au monde.

La science considère, au contraire, l'être nouveau comme venu du néant. Il est alors chair, mais non esprit. Il n'est que le développement de tissus et d'organes qui composent un tout vivant. Cela aussi, c'est un mystère. Comment ce corps compliqué et vivant est-il venu du néant ?

La figure du nouveau-né est l'impressionnant point de départ : cet enfant arrive inerte et restera longtemps inerte, incapable de se tenir droit, réclamant des soins comme un infirme, comme un paralytique : cet enfant muet ne fera, de longtemps, entendre sa voix que dans la plainte, dans le cri de la souffrance ; il fera accourir vers lui comme vers un être qui appelle au secours.

Après bien longtemps seulement, après des mois, une année entière, et davantage, ce corps se lèvera, marchera, ne sera plus un infirme ; ce sera le corps de l'homme-enfant. Et après des mois et des années, cette voix sera la voix d'un homme.

Certains phénomènes psychiques et physiologiques de la croissance auront réalisé « l'incarnation ».

L'incarnation est le processus mystérieux d'une énergie qui animera le corps inerte du nouveau-né et qui donnera au corps l'usage de ses membres, aux organes l'articulation de la parole et le pouvoir d'agir selon la volonté ; ainsi, l'homme sera incarné.

Il est impressionnant que l'enfant naisse et se maintienne si longtemps inerte, tandis que les petits des mammifères, presque dès leur naissance, ou du moins dans un délai très bref, peuvent déjà se tenir et trottent après leur mère. Ils ont le langage propre à leur espèce, quoique encore plaintif et imparfait. Mais les petits chats envoient vraiment des miaulements, les agneaux ont de timides bêlements, et les poulains hennissent véritablement. Ce sont de faibles voix, mais le monde ne résonne pas des cris et des lamentations des animaux nouveau-nés. Le temps de leur préparation est rapide, cette préparation facile, et les animaux naissent, pourrait-on dire, déjà animés de l'instinct qui déterminera leurs actions. On peut remarquer le saut léger qu'aura le petit tigre, comment bondira le capri, levé peu de temps après sa naissance. Chaque être qui vient au monde n'est pas seulement un corps matériel : il est doté de fonctions qui ne sont pas celles de ses organes physiologiques ; ce sont des fonctions qui dépendent de l'instinct. Tous les instincts se manifestent par le mouvement et représentent les caractères de l'espèce, plus constants et plus distincts que la forme même du corps. L'animal, comme l'exprime le mot, est caractérisé par l'animation, par l'âme, non par la forme. Nous pouvons réunir tous ces caractères qui ne contribuent pas au fonctionnement de l'organisme végétatif et les appeler : caractères psychiques. Ces caractères se trouvent déjà dans tous les animaux dès leur naissance ; pourquoi, justement, l'homme-enfant n'aurait-il pas cette âme ?

Une théorie scientifique explique que les mouvements instinctifs des animaux sont la conséquence de l'expérience acquise par l'espèce à des époques précédentes et transmises par l'hérédité. Pourquoi l'homme est-il aussi récalcitrant à hériter de ses ancêtres ? Et pourtant les hommes se sont toujours tenus droits ; ils ont toujours parlé un langage articulé ; ils ont toujours laissé à leurs descendants ce qu'ils avaient appris.

Une vérité doit être cachée sous toutes ces contradictions. Qu'il nous soit permis de recourir à une comparaison assez éloignée du sujet : la comparaison avec les objets que nous fabriquons nous-mêmes. Il y a des objets que l'on produit en série ; tous sont égaux entre eux ; on les fabrique en hâte, au moule ou à la machine ; il y a d'autres objets qui se font à la main, lentement, et différents les uns des autres. Ce qui fait le prix des objets faits à la main, c'est que chacun d'eux porte l'empreinte directe de son auteur : l'empreinte de l'habileté d'une dentellière, l'empreinte du génie se trouvent dans l'œuvre d'art. Ainsi pourrait-on dire de la différence psychique entre l'animal et l'homme. L'animal est comme l'objet fabriqué en série ; chaque individu reproduit aussitôt les caractères uniformes fixés pour toute l'espèce. L'homme, au contraire, est comme l'objet fait à la main : chacun est différent, chacun a son propre esprit créateur qui fait de lui une œuvre d'art de la nature. Mais le travail est lent et long. Avant qu'en apparaissent les effets extérieurs, il doit s'être produit un travail intime qui n'est pas la reproduction d'un type fixe ; c'est la création active d'un type nouveau et, par conséquent, une énigme, un résultat à surprise. Ce travail est resté longtemps intérieur, précisément comme il advient pour l'œuvre d'art, que l'auteur conserve dans l'intimité de son studio et transforme lui-même avant de l'exposer au public.

Ce travail, à travers lequel se forme la personnalité humaine, est l'œuvre occulte de l'incarnation. L'homme inerte est une énigme. La seule chose qu'on sache de lui, c'est qu'il pourra tout ; mais il n'est pas possiblc de savoir qui il sera, ni ce que fera le nouveau-né qui est devant nous. Ce corps inerte contient le mécanisme le plus compliqué de tous les êtres vivants, mais il lui est propre ; l'homme s'appartient à lui-même. Il faut qu'il s'incarne à l'aide de sa propre volonté. Les musiciens, les chanteurs à la voix sublime, ceux qui, à l'aide de leurs mains, ont laissé des chefs-d'œuvre, les sportifs aussi bien que les saints, les tyrans, les héros, les délinquants, tous sont nés de la même façon, renfermant une énigme, que seul le développement de l'individu peut faire déchiffrer à travers ses activités dans le monde.

Le phénomène de l'enfant, inerte à sa naissance, a toujours donné lieu à des discussions philosophiques ; mais il n'a pas, jusqu'à présent, attiré l'attention des médecins, des psychologues ni des éducateurs. Il est resté une constatation parmi tant d'autres, un fait devant lequel on ne peut que constater. Beaucoup de phénomènes restent ainsi longtemps enfouis dans les dépôts du subconscient. Pourtant, dans la pratique de la vie ordinaire, ces conditions de la nature de l'enfant ont eu des conséquences qui représentent un réel danger pour sa vie psychique. Elles ont fait penser, à tort, que les muscles n'étaient pas seuls passifs, que ce n'était pas seulement la chair mais l'enfant qui était inerte : un être passif, vide de toute vie psychique. Et devant le spectacle magnifique, mais tardif, de son expansion, l'adulte acquit la conviction fausse que c'était à lui, adulte, à animer l'enfant par ses soins, par son aide. Et il s'en fit un devoir et une responsabilité. L'adulte s'apparut à lui-même comme le modeleur de l'enfant, le constructeur de sa vie psychique. Il s'est imaginé accomplir, de l'extérieur, une œuvre créatrice, en stimulant l'enfant, en lui donnant des directives et des suggestions afin de développer chez lui intelligence, sentiment et volonté. L'adulte s'est attribué un pouvoir presque divin : il a fini par se croire le Dieu de l'enfant ; il a pensé de lui-même ce qui est dit dans la Genèse : « J'ai créé l'homme à mon image et à ma ressemblance. » L'orgueil a été le premier péché de l'homme ; cette substitution à Dieu a été la cause de la misère de toute sa descendance. En fait, si l'enfant porte en lui la clef de sa propre énigme individuelle, s'il a des directives de développement et un plan psychique, il les a en puissance, extrêmement délicats dans leurs tentatives de réalisation ; alors, l'intervention intempestive de l'adulte, volontaire, exalté par son pouvoir illusoire, peut contrarier ces plans ou en faire dévier les réalisations occultes. Oui, l'adulte a pu contrarier le plan divin depuis les origines de l'homme et ainsi, peu à peu, de génération en génération, l'homme a grandi déformé dans son incarnation. C'est là le grand problème ; toute la question est là : l'enfant possède une vie psychique active, même alors qu'il ne peut la manifester, parce qu'il lui faut élaborer longuement et dans le secret ses difficiles réalisations. Et cette conception nous fait percevoir une vérité impressionnante : une âme emprisonnée, obscure, qui cherche à venir à la lumière, à naître, à croître ; et qui va, peu à peu, animer la chair inerte, l'appelant avec le cri de la volonté, se présentant à la lumière de la conscience avec l'effort d'un être qui vient au monde. Et, dans l'ambiance nouvelle, un autre être est là, au pouvoir énorme, gigantesque, qui l'attend, l'empoigne et l'étrangle. Rien n'est préparé dans le milieu pour accueillir ce fait magnifique qu'est l'incarnation d'un homme ; personne ne le réalise, personne ne l'attend. Aucune protection n'est prévue pour cette délicate entreprise ; pour un effort aussi difficile, aucune aide n'est prête ; et tout devient obstacle.

L'enfant qui s'incarne est un embryon spirituel qui doit vivre par lui-même dans l'ambiance. Mais aussi bien que l'embryon physique a besoin d'une ambiance spéciale qui est le sein maternel, cet embryon spirituel a besoin, lui, d'être protégé dans une ambiance extérieure animée, réchauffée par l'amour, riche en aliments, où tout l'accueille, où rien ne l'entrave.

Une fois qu'il a compris cette vérité, il faut que l'adulte change d'attitude envers l'enfant. La figure de l'enfant, embryon spirituel en voie d'incarnation, nous impose de nouvelles responsabilités. Ce petit corps tendre et gracieux que nous adorons en ne l'entourant que de soins physiques, et qui est presque un jouet entre nos mains, prend un autre aspect et réclame le respect. « Multa debetur puero reverentia. »

L'incarnation se produit au prix de fatigues occultes : tout autour de ce travail créateur se joue un drame inconnu qui n'a pas encore été décrit : c'est la page blanche de l'histoire de l'humanité. Aucun être de la création ne peut concevoir cette sensation accablante de la volonté qui n'existe pas encore et qui va avoir à commander ; qui va avoir à commander à des choses inertes pour les rendre actives et disciplinées. A peine une vie incertaine et délicate affleure-t-elle à la conscience, mettant en rapport les sens avec l'ambiance, qu'elle s'élance à travers les muscles dans un perpétuel effort pour se réaliser. Il faut que cet effort occulte de l'enfant nous soit sacré. Il faut que cette manifestation laborieuse nous trouve prêts, parce que c'est dans cette période créatrice que se détermine la personnalité future de l'homme. C'est devant une telle responsabilité que surgit le devoir de travailler à sonder, à l'aide de moyens scientifiques, les besoins psychiques de l'enfant et de lui préparer une ambiance vitale. C'est le premier mot d'une science dont le développement sera long ; à laquelle l'adulte devra offrir la collaboration de sa propre intelligence, parce qu'il lui faudra beaucoup travailler avant d'atteindre au dernier mot de la connaissance du développement humain.

Et c'est le premier mot que l'on écrit sur la page encore blanche de l'humanité : la page de son histoire qui mettra l'enfant à l'honneur.

Les périodes sensibles

La récente découverte biologique des périodes sensibles, étroitement liées aux phénomènes du développement, présente pour nous un intérêt tout particulier. De quoi dépend le développement ? Comment croit un être vivant ? Le développement, la croissance, sont des phénomènes que l'on a toujours pu constater de l'extérieur ; mais certains détails du mécanisme intérieur n'ont été pénétrés que depuis peu de temps. Dans la science moderne, deux études ont contribué à approfondir cette connaissance : l'une est celle des glandes à sécrétion, qui ont un rapport étroit avec la croissance physique et qui sont tout de suite devenues populaires à cause de l'immense importance qu'elles ont dans le traitement des enfants ; l'autre est la découverte des périodes sensibles, qui ouvre de nouvelles possibilités à la compréhension de la croissance psychique.

C'est le savant hollandais De Vries qui découvrit les périodes sensibles chez les animaux ; mais c'est nous, dans nos écoles, qui avons retrouvé ces périodes sensibles dans la croissance des enfants et qui les avons utilisées du point de vue de l'éducation.

Il s'agit de sensibilités spéciales, qui se trouvent chez les êtres en voie d'évolution, c'est-à-dire dans les stades de l'enfance. Elles sont passagères et se limitent à l'acquisition d'un caractère déterminé. Une fois ce caractère développé, la sensibilité cesse. Chaque caractère se stabilise à l'aide d'une impulsion, d'une possibilité passagère. La croissance n'est donc pas quelque chose de vague, une espèce de fatalité héréditaire incluse chez les êtres : c'est un travail minutieusement dirigé par des instincts. Ces instincts peuvent servir de guide, puisqu'ils donnent l'élan à une activité déterminée qui peut parfaitement être différente de celle qui caractérisera l'individu à l'état d'adulte. Les êtres sur lesquels De Vries a repéré pour la première fois les périodes sensibles sont les insectes : en effet, ceux-ci traversent une période de formation bien nette, puisqu'ils passent par des métamorphoses susceptibles d'être observées en laboratoire.

Nous prendrons comme exemple celui cité par De Vries d'un humble petit ver, la chenille, qui deviendra un vulgaire papillon. On sait que les chenilles croissent rapidement, se nourrissent avec voracité : ce sont de véritables destructeurs de plantes. Il s'agit ici d'une chenille qui ne peut, dans les premiers jours de son existence, se nourrir des grandes feuilles des arbres, mais seulement des petites feuilles tendres qui se trouvent à la pointe extrême des branches. Or, la bonne mère papillon va, guidée par son instinct, déposer ses œufs à l'endroit opposé ; c'est-à-dire que, dans l'angle que fait la branche à l'intersection du tronc, elle prépare à sa descendance un lieu sûr et abrité. Qui donc indiquera aux petites chenilles à peine écloses que les feuilles tendres dont elles ont besoin sont là-haut, au faîte extrême et opposé de leur branche ? La chenille est douée d'une vive sensibilité à la lumière : la lumière l'attire, la lumière la fascine, et elle s'en va en sautant, avec cette démarche propre aux chenilles, vers la lumière plus vive, jusqu'à l'extrémité de la branche ; là, elle se retrouve, affamée, au milieu des feuilles tendres qui constitueront sa nourriture. Il est curieux de constater que, cette période passée, c'est-à-dire quand la chenille a grandi et qu'elle peut se nourrir différemment, elle perd cette sensibilité à la lumière ; au bout d'un certain temps, la lumière la laisse indifférente : l'instinct est devenu aveugle. Le moment d'utilité est passé et, désormais, la chenille s'en va par d'autres voies chercher d'autres moyens d'existence.

La chenille n'est pas devenue aveugle à la lumière, elle y est devenue indifférente.

Voilà qui aide aussitôt à comprendre le point essentiel de la question par rapport aux enfants : la différence entre une poussée animatrice qui conduit à accomplir des actes merveilleux et stupéfiants, et une indifférence qui rend aveugle et malhabile. L'adulte ne peut rien de l'extérieur sur ces différents états. Mais, si l'enfant n'a pu obéir aux directives de sa période sensible, l'occasion d'une conquête naturelle est perdue, perdue à jamais.

L'enfant, pendant son développement psychique, fait des acquisitions surprenantes : de véritables miracles ; seule, l'habitude de les voir se produire nous transforme en spectateurs insensibles. Mais comment l'enfant, venu du néant, s'oriente-t-il dans ce monde compliqué ? Comment arrive-t-il à distinguer les choses ? Par quel prodige parvient-il à apprendre une langue avec ses particularités minutieuses, sans maître, rien qu'en vivant, en vivant avec simplicité, avec joie, sans se fatiguer, tandis qu'un adulte a besoin, pour s'orienter dans une ambiance nouvelle, de tant d'aide ? Il faut qu'il accomplisse, pour apprendre une langue nouvelle, des efforts arides, sans jamais atteindre à la perfection de sa langue maternelle, acquise quand il était enfant.

L'enfant fait ses acquisitions pendant les périodes sensibles. Celles-ci pourraient se comparer à un phare qui éclaire la nature intérieure, ou à un courant électrique qui produit des phénomènes actifs. C'est cette sensibilité qui permet à l'enfant de se mettre en rapport avec le monde extérieur d'une façon exceptionnellement intense ; tout est facile, alors ; tout est pour lui enthousiasme et vie. Chaque effort est un accroissement de puissance. Quand une de ces passions psychiques s'est éteinte, d'autres flammes s'allument, et l'enfance s'écoule ainsi, de conquête en conquête, dans une vibration incessante, reconnue par tout le monde, et que l'on traite de joie enfantine. C'est dans une de ces belles flammes spirituelles, qui flambent sans jamais se consumer, que s'accomplit l'œuvre créatrice du monde spirituel de l'homme. Quand la période sensible a disparu, les conquêtes intellectuelles sont dues à une activité réflexe, à un effort de la volonté, et la fatigue provoquée par le travail naît dans la torpeur de l'indifférence.

C'est en cela que consiste la différence fondamentale, essentielle, entre la psychologie de l'enfant et celle de l'adulte. Il existe donc une vitalité intérieure particulière qui explique les miracles des conquêtes naturelles de l'enfant. Mais si, durant l'époque sensible, un obstacle survient dans son travail, il en résulte chez l'enfant un bouleversement, une déformation ; et voilà que commence le martyre spirituel qui nous est encore inconnu, mais dont presque tous les hommes portent inconsciemment en eux le stigmate.

Le travail de la croissance, c'est-à-dire la conquête active des caractères, nous est resté jusqu'alors insoupçonné ; ce n'est qu'à la suite d'une longue expérience, que nous avons remarqué les réactions douloureuses et violentes de l'enfant, quand des obstacles extérieurs entravent son activité vitale. Avant d'avoir étudié ces réactions nous jugions qu'elles étaient sans cause ; devant leur résistance, nous les avons traitées de caprices. Nous appelons de ce terme vague des phénomènes très différents entre eux. Pour nous, est caprice tout ce qui n'a pas une cause apparente, toute action illogique et invincible. Nous avons aussi constaté que quelques caprices avaient tendance à s'aggraver avec le temps ; c'est la preuve que des causes permanentes continuent à agir, contre lesquelles nous n'avons évidemment pas trouvé les remèdes. Les périodes sensibles jettent une lumière sur beaucoup de caprices d'enfants. Non pas sur tous, parce qu'il y a différentes causes de luttes intérieures ; et bien des caprices sont déjà les conséquences de déviations, aggravées précisément par un traitement erroné ; mais les caprices dérivant de conflits intérieurs en relation avec les périodes sensibles sont passagers, comme est passagère la période sensible ; ils ne laissent pas de traces dans le caractère. Ils sont pourtant la conséquence la plus grave d'un développement imparfait, irréparable dans l'établissement futur d'une vie psychique. Les caprices de la période sensible sont l'expression extérieure de besoins insatisfaits ; ils constituent de véritables avertissements d'une situation fausse, d'un danger ; ils disparaissent immédiatement, quand il est possible de les comprendre et de les satisfaire. On voit alors la substitution immédiate du calme à un état d'agitation qui peut atteindre à la maladie. Il est donc nécessaire de chercher la cause de toute manifestation enfantine que nous appelons capricieuse, précisément parce qu'elle nous échappe. Cela constitue pour nous un guide pour pénétrer dans les recoins mystérieux de l'âme de l'enfant, et pour préparer une période de compréhension et de paix dans nos rapports avec lui.

En examinant les périodes sensibles

On pourrait comparer l'incarnation et les périodes sensibles à une échappée sur le travail intime de l'âme en voie de formation, par laquelle on entrevoit des organes intérieurs en train d'élaborer la croissance psychique de l'enfant. Elles sont la preuve que le développement psychique ne survient pas par hasard, qu'il n'a pas ses origines dans les stimulants du monde extérieur, qu'il ne s'édifie pas sur place, mais qu'il est guidé par les sensibilités passagères qui président à l'acquisition des différents caractères. Bien que cela se produise au moyen de l'ambiance extérieure, celle-ci n'a pas une importance constructive ; elle offre seulement les moyens nécessaires à la vie, parallèlement à ce qui se passe dans la vie du corps qui reçoit de l'ambiance ses éléments vitaux par la nutrition et la respiration. Ce sont les sensibilités intérieures qui guident dans le choix du nécessaire et des situations favorables au développement dans l'ambiance multiforme. Comment cela ? Elles guident en rendant l'enfant sensible à certaines choses, en le rendant indifférent à d'autres. Quand il est dans une période sensible, c'est comme si une lumière, émanant de lui, éclairait seulement certaines choses sans éclairer les autres. Et dans les premières seules réside son univers... Mais il ne s'agit pas simplement d'un désir intense de se trouver dans certaines situations, de n'absorber que certains éléments : il existe chez l'enfant une faculté toute spéciale, unique, de profiter de ces périodes pour croître. C'est pendant la période sensible qu'il fait ses acquisitions psychiques, comme celle, par exemple, de se diriger dans le monde extérieur ; ou bien encore, il devient capable d'animer de façon plus délicate ses instruments moteurs. La clef qui peut nous introduire dans le monde mystérieux où l'embryon spirituel accomplit le miracle de sa croissance, se trouve dans ces rapports sensibles entre l'enfant et l'ambiance.

Nous pouvons nous représenter cette merveilleuse activité créatrice comme une série de vives émotions surgissant du subconscient, et qui construisent la conscience de l'homme au contact de l'ambiance. Elles partent de la confusion pour aller à la distinction, et puis à la création de l'activité ; nous pouvons nous les figurer dans l'acquisition du langage. En effet, au milieu des sons confus du chaos, surgissent brusquement, distincts, attrayants, fascinants les simples sons d'un langage articulé — et l'âme, encore sans pensée, écoute une espèce de musique qui remplit son univers. Alors les fibres mêmes de l'enfant s'émeuvent, non pas toutes, mais les plus fines, les fibres cachées qui, jusqu'alors, n'avaient vibré que pour crier d'une façon désordonnée. Elles se réveillent dans un mouvement régulier, avec une discipline, un ordre qui changent leur façon de vibrer. Cela prépare des temps nouveaux pour le cosmos de l'embryon spirituel ; il vit intensément son présent et s'y concentre. La gloire future de l'être y demeure inconnue. Peu à peu l'oreille écoute ; la langue elle-même se meut dans une animation nouvelle ; elle commence à sentir des vibrations intérieures, se met à chercher dans la gorge, sur les lèvres, les joues, comme obéissant à une force irresistible et illogique. Ces vibrations sont de la vie, mais ne servent encore à rien... à rien d'autre qu'à donner une joie ineffable. L'enfant tout entier présente des signes de cette joie supérieure née en lui quand, les membres contractés, les poings fermés, la tête dressée et tendue vers une personne qui parle, il fixe intensément ses yeux sur les lèvres qui remuent ; il traverse une période sensible : c'est l'ordre divin qui donne un souffle aux choses inertes et les anime avec l'esprit.

Ce drame intérieur de l'enfant est un drame d'amour : c'est l'unique et grande réalité qui se passe dans les régions occultes de l'âme ; c'est l'unique et grande réalité qui, par moments, la remplit tout entière. De telles activités merveilleuses ne passent pas sans avoir laissé des signes indélébiles ; elles laissent l'homme plus grand, lui donnent les caractères supérieurs qui l'accompagneront toute sa vie ; mais elles s'accomplissent dans l'humilité du silence.

Et c'est pour cela que tout se passe calmement, quand l'ambiance extérieure correspond suffisamment aux besoins intérieurs. Dans l'élaboration du langage, par exemple, qui est une des activités les plus difficiles et qui correspond au maximum des périodes sensibles chez l'enfant, elle reste dans le secret parce que l'enfant trouve toujours autour de lui des personnes qui parlent et qui lui offrent les éléments nécessaires. La seule chose qui puisse nous faire apprécier de l'extérieur l'état sensible de l'enfant, c'est son sourire, sa joie manifeste quand il est arrivé à dire des mots courts, clairement, d'une facon qui lui permet d'en distinguer les sons, comme on distingue les coups d'une cloche de cathédrale ; ou bien, quand on voit l'enfant se calmer dans une paix béate, alors que, le soir, l'adulte lui chante une berceuse en répétant toujours les mêmes mots ; dans un tel délice, il abandonne le monde conscient, pour entrer dans le repos des rêves. Nous le savons bien, et c'est pour cela que nous répétons à l'enfant ces petits mots caressants ; c'est pour avoir, en échange, son sourire plein de vie. C'est pour cela que, de temps immémoriaux, les gens vont, le soir, auprès de l'enfant qui appelle et qui demande la parole et la musique avec l'anxiété d'un être qui, sur le point de mourir, réclame du réconfort.

Ce sont, nous disons bien, des preuves positives de la sensibilité créatrice. Mais il y a d'autres preuves, beaucoup plus visibles, qui ont, par contre, une signification négative : c'est quand, dans l'ambiance, un obstacle s'oppose au fonctionnement intérieur. Alors l'existence d'une période sensible peut se manifester par des réactions violentes, par des désespoirs que nous jugeons sans cause et que nous appelons caprices. Les caprices sont l'expression d'une perturbation intérieure, d'un besoin insatisfait, à l'état aigu. Ils représentent une tentative de l'âme pour réclamer, pour se défendre.

Ils se manifestent par un moment d'activité inutile et désordonnée qui se pourrait comparer, sur le plan physique, à ces hautes fièvres qui s'abattent brusquement sur les enfants, sans qu'une cause pathologique proportionnée y corresponde. On sait que c'est le propre de l'enfant d'avoir ces élévations impressionnantes de température pour de petites maladies qui laisseraient l'adulte à l'état quasi normal : une espèce de fièvre fantastique qui disparaît aussi facilement qu'elle est venue. Eh bien, il peut, sur le plan psychique, se produire des agitations aussi violentes pour des causes infimes, en rapport avec la sensibilité exceptionnelle de l'enfant. On a toujours constaté ces réactions ; de fait, les caprices de l'enfant qui se présentent presque dès sa naissance ont été considérés comme une preuve de la perversité innée du genre humain. Or, si chaque altération des fonctions est considérée comme une maladie fonctionnelle, il nous faut aussi appeler maladies fonctionnelles les altérations qui ont trait à la vie psychique. Les premiers caprices de l'enfant sont les premières maladies de l'âme.

On remarqua ceux-ci parce que les faits pathologiques sont les premiers qui se voient. Ce n'est jamais le calme qui pose des problèmes et oblige à réfléchir ; ce sont les désordres. La chose la plus apparente, dans la nature, ce ne sont pas ses lois, ce sont ses erreurs. Ainsi, personne ne s'aperçoit des signes extérieurs imperceptibles qui accompagnent les œuvres créatrices de la vie, ni des fonctions qui les conservent. Les phénomènes de création, comme ceux de conservation, restent cachés. Il arrive, pour les choses vitales, ce qui arrive pour les objets que nous fabriquons : ils sont mis en vitrine quand ils sont terminés ; mais les laboratoires restent fermés au public, bien que ce soit la partie la plus intéressante. Ainsi le mécanisme des différents organes intérieurs est indubitablement admirable dans le fonctionnement du corps, mais personne ne le voit, personne ne le remarque. L'individu qui possède ces organes et qui vit grâce à eux ne s'aperçoit pas de leur stupéfiante organisation. La nature travaille sans le faire savoir. Et c'est cet équilibre harmonieux d'énergies combinées, que nous appelons la santé, l'état normal. La santé ! c'est le triomphe de tous les détails ; le triomphe du but sur les causes.

Or, nous relevons objectivement tous les détails des maladies, tandis que les laborieuses merveilles de la santé peuvent rester inconnues ; nous ne les remarquons pas.

De fait, dans l'histoire de la médecine, les maladies ont été connues depuis les époques les plus reculées. On trouve trace de soins chirurgicaux dans les temps les plus lointains de l'homme préhistorique, et l'on retrouve les racines de la médecine dans les civilisations égyptienne et grecque. Mais la découverte des organes intérieurs est très récente. La découverte de la circulation du sang remonte au XVIIe siècle de notre ère. La première dissection anatomique du corps humain en vue d'étudier les organes intérieurs a eu lieu en 1600. Et puis, peu à peu, ce fut la pathologie, c'est-à-dire la maladie, qui fit pénétrer et découvrir indirectement les secrets de la physiologie, c'est-à-dire les fonctions normales.

Quel étonnement que, seules, les maladies psychiques aient été étudiées chez l'enfant et qu'on ait laissé dans la plus profonde obscurité le fonctionnement normal de son âme. Cela s'explique par l'extrême délicatesse de ces fonctions psychiques qui élaborent leur construction dans l'ombre, dans le secret, sans avoir aucune possibilité de se manifester.

L'affirmation est certes un peu surprenante, mais non pas absurde. L'adulte n'a eu connaissance que des maladies de l'âme enfantine et non pas de sa santé : l'âme saine est restée ignorée, comme toutes les énergies de l'univers qui n'étaient pas encore découvertes. L'enfant sain est comme le mythe de l'homme créé par Dieu à son image et ressemblance, et que personne n'a jamais connu : on n'a connu que sa descendance, déformée depuis les origines.

S'il en est ainsi, si l'enfant sain demeure dans le secret des énergies cachées, et que la vie psychique se développe sur un fond de déséquilibres fonctionnels et de maladies, il nous faut réfléchir à toutes les déformations qui, nécessairement, en découlent. A l'époque où l'hygiène n'existait pas encore, la mortalité infantile s'imposait par son chiffre impressionnant ; mais ce n'était pas le seul phénomène d'alors. Parmi les survivants, que d'aveugles, que de rachitiques, que d'estropiés, que de paralysés ! Quelles monstruosités et quelles faiblesses organiques prédisposant aux infections répandues dans le monde : à la tuberculose, à la lèpre, à la scrofule !

Un semblable tableau doit se présenter à nous qui n'avons aucune hygiène psychique à donner à l'enfant ; rien de préparé dans notre ambiance pour le protéger, pour le sauver. Nous ignorons jusqu'à l'existence de ses fonctions secrètes qu'anime le désir de créer une harmonie spirituelle. La mort partout !

Et en même temps, que de déformations, que d'aveuglements, que de faiblesses, que d'arrêts dans le développement ! Et l'orgueil, la cupidité du pouvoir, l'avarice, la colère, le désordre qui s'est établi en un bouleversement moral de toutes les fonctions !

Ce tableau n'est pas une figure de rhétorique ; ce n'est pas une comparaison ; c'est bien la terrible réalité du présent spirituel, décrite avec les mêmes termes que celle d'un récent passé corporel. De petites causes, à l'origine de la vie, peuvent dériver les plus profondes déviations ; l'homme croît et mûrit dans une ambiance spirituelle qui n'est pas la sienne : il vit, ainsi que le dit la tradition, en ayant perdu le paradis de sa vie.

L'ordre

Une des périodes sensibles les plus importantes et les plus mystérieuses est celle qui rend le petit enfant sensible à l'ordre. Cette manifestation se produit dès la première année de sa vie et se prolonge durant la seconde. Il peut nous sembler étonnant, extravagant que les enfants aient une période sensible à l'égard de l'ordre extérieur, alors que nous sommes persuadés qu'ils sont désordonnés par nature. On peut difficilement se rendre compte d'une attitude si délicate quand l'enfant vit dans une ambiance fermée comme celle de la maison de la ville, pleine d'objets grands et petits que l'adulte nettoie et remue dans des buts tout à fait étrangers à l'enfant. Si celui-ci traverse une période sensible à l'ordre, c'est précisément celle qui doit trouver le plus d'obstacles et être, par conséquent, la cause d'états anormaux. En effet, que de fois l'enfant pleure sans raisons apparentes et sans pouvoir être consolé ?

Pour arriver à en surprendre une manifestation positive, c'est-à-dire une expression d'enthousiasme et de joie en rapport avec sa satisfaction, il faut que les adultes soient instruits de la psychologie enfantine. D'autant plus que ce phénomène se manifeste précisément dans les premiers mois de l'existence.

Certains obstacles rendent plus facile la découverte de l'existence d'une période sensible ; sans doute un grand nombre de caprices précoces sont dus à de telles sensibilités.

Je citerai quelques exemples recueillis dans la vie. Voici une petite scène de famille : le personnage principal est une toute petite fille de six mois environ. Dans la nursery, c'est-à-dire dans la pièce où l'enfant réside habituellement, arrive un jour, en visite, une dame qui dépose son ombrelle sur une table. L'enfant semble s'agiter, non en raison de la dame, mais bien en raison de l'ombrelle et, après avoir longuement regardé celle-ci, se met à pleurer. La dame, interprétant ces larmes comme un désir de s'emparer de l'ombrelle, s'empresse de l'apporter en l'accompagnant de ces sourires et de ces minauderies qu'on prodigue aux enfants. Mais la petite repousse l'objet et continue à pleurer. On fait d'autres tentatives tandis que l'enfant s'agite toujours davantage. Que faire ? Voici bien un de ces caprices précoces qui se présentent presque dès la naissance. Brusquement, la maman, qui avait quelques connaissances des manifestations psychiques dont nous parlons, enleva l'ombrelle de la table et l'emporta dans la pièce voisine. L'enfant se calma immédiatement. La raison du conflit était que l'ombrelle, posée sur la table, représentait un objet hors de sa place ; et cela troublait violemment le tableau habituel de la position des objets dans l'ordre que l'enfant avait besoin de se rappeler.

Un autre exemple. Il s'agit ici d'un enfant beaucoup plus grand : un an et demi, et d'une scène à laquelle je pris une part active. Je me trouvais avec quelques personnes en promenade dans la Grotte de Néron à Naples. Il y avait avec nous une jeune dame qui conduisait son enfant, trop petit pour pouvoir parcourir à pied ce passage souterrain qui traverse toute une colline. Après un instant, l'enfant se fatigua et la dame le prit dans ses bras ; mais elle n'avait pas calculé ses propres forces ; elle avait très chaud, et elle s'arrêta pour enlever sa jaquette qu'elle mit sur son bras. Ainsi encombrée, elle reprit l'enfant. Celui-ci se mit à pleurer et sa plainte devenait de plus en plus bruyante. La maman cherchait en vain à le calmer ; elle était évidemment épuisée et commençait à s'énerver ; tous les autres s'énervaient aussi et lui offraient leur aide. L'enfant passait de bras en bras, toujours plus agité ; chacun l'exhortait, le grondait, empirant la situation. Il semblait nécessaire que la mère le reprît. Mais désormais la chose en était arrivée à ce qu'on appelle un caprice, et il semblait vraiment que la situation fût désespérée. Ici, le guide intervint et, avec son énergie d'homme décidé, serra l'enfant entre ses bras robustes. Alors le petit eut une réaction tout à fait violente ; comme je pensais que ces réactions ont toujours une cause psychologique, je fis une tentative. Je m'approchai de la mère et lui demandai : « Madame, voulez-vous me permettre de vous aider à repasser votre jaquette ? » Elle me regarda, surprise, parce qu'elle avait encore chaud ; mais, confuse, elle répondit à ma demande et me laissa lui remettre sa jaquette. L'enfant se calma immédiatement. Les larmes et l'agitation cessèrent et il répéta plusieurs fois : « Paletot... épaules... » ce qui voulait dire. « Le paletot sur tes épaules... Il faut que Maman garde le paletot sur ses épaules ! » Il avait l'air de penser : « On m'a enfin compris ! » Il mettait les bras autour de sa maman, tout souriant ; le voyage se termina dans la plus grande tranquillité. Le paletot est fait pour rester sur les épaules et non pas pour pendre comme un chiffon sur le bras ; ce désordre, sur la personne de la maman, avait été la cause de tout le conflit.

Ces exemples indiquent l'intensité de cet instinct. Ce

qui surprend, c'est son extrême précocité ; chez l'enfant de deux ans, le besoin d'ordre a retrouvé une forme calme ; c'est alors que commence la période active et tranquille de ses applications. C'est précisément un des phénomènes les plus intéressants que l'on observe dans nos écoles. Quand un objet n'est pas à sa place, c'est l'enfant de deux ans qui s'en aperçoit et qui va l'y remettre. Il se rend compte de petits détails qui passent inaperçus pour les adultes et même pour les enfants plus grands. Si, par exemple, un savon reste sur la toilette au lieu d'être dans la savonnette ; si une chaise est appuyée hors de sa place, c'est immédiatement l'enfant de deux ans qui s'en aperçoit et qui va rétablir l'ordre. Il semble que la vue du désordre représente un stimulant, un appel d'activité ; mais sans doute est-ce quelque chose de plus : l'ordre est un de ces besoins qui correspondent à une véritable joie de la vie. En effet, on remarque que, dans nos écoles, les enfants, même bien au-dessus de trois et quatre ans, après avoir fini un exercice, remettent spontanément les choses en place.

L'ordre des choses, c'est connaître la place de chacune d'elles ; c'est se rappeler l'endroit où chaque objet se trouve, c'est-à-dire être capable de s'orienter dans l'ambiance, la posséder dans tous ses détails. L'ambiance qui appartient à l'âme, c'est celle que nous venons de décrire ; celle où l'on peut se mouvoir les yeux fermés, trouver à portée de la main tout ce que l'on y cherche ; un tel lieu est nécessaire à la tranquillité et à la paix de la vie. Que tout cela se traduise par un plaisir vital, certains jeux de tout petits enfants, qui nous surprennent par leur manque de logique, et qui n'ont de raison d'être que le plaisir pur de retrouver les objets à leur place, le prouvent assez. Avant de les illustrer, je veux citer une expérience faite par le professeur Piaget de Genève avec son enfant. Il cachait un objet sous le coussin d'un fauteuil et puis éloignait l'enfant et transportait l'objet sous le coussin du fauteuil d'en face. Son idée était que l'enfant, ne trouvant plus l'objet à sa place, le chercherait ailleurs ; et, pour faciliter la recherche, le professeur déposait cet objet à une place analogue. Mais l'enfant se contentait de tirer sur le coussin du premier fauteuil en disant dans son langage : « Y a plus » ; mais il ne faisait aucun effort pour rechercher l'objet disparu. Alors le professeur répétait l'expérience en faisant voir à l'enfant qu'il transportait l'objet d'un fauteuil à l'autre ; mais l'enfant répétait la même scène que la première fois et redisait : « Y a plus ». Le professeur était sur le point de juger son enfant inintelligent et, presque impatienté, il souleva le coussin du deuxème fauteuil en disant : « Tu ne t'étais donc pas aperçu que je l'avais mis ici ? » — « Si », répondit l'enfant, en indiquant le premier fauteuil, « mais c'est là qu'il doit être ».

L'intérêt du petit ne résidait pas dans la recherche d'un objet, mais dans le fait que celui-ci devait retourner à sa place. J'éprouvai la plus grande stupéfaction quand j'assistai tout d'abord au jeu de cache-cache d'enfants de deux et trois ans. Ils semblaient ravis de ce jeu, heureux et frémissants d'attente ; mais leur jeu de cache-cache consistait en ceci : un enfant se nichait, en présence des autres, sous une table recouverte d'un tapis retombant jusqu'à terre ; et puis tous les autres enfants sortaient de la pièce ; quand ils rentraient, ils soulevaient le tapis et, avec des cris de joie, trouvaient le camarade caché dessous. La chose se répétait plusieurs fois et chacun disait : « Maintenant, c'est moi qui vais me cacher ». Et il allait se mettre sous la table. Une autre fois, je vis de plus grands enfants qui jouaient à cache-cache avec un petit ; celui-ci se cachait derrière un meuble et les plus grands feignaient, en rentrant, de ne pas le voir et de le chercher partout en pensant faire plaisir à l'enfant caché. Mais celui-ci criait aussitôt : « Je suis ici ! » avec l'air de dire : « Vous n'aviez donc pas vu où j'étais ? »

Un jour, je pris part moi-même à un de ces jeux ; je trouvai un groupe de petits qui criaient et battaient des mains joyeusement parce qu'ils avaient trouvé le camarade caché derrière une porte. Ils vinrent à moi et me dirent : « Joue avec nous, cache-toi. » J'acceptai. Ils coururent tous dehors soudainement, comme quand on s'éloigne pour ne pas voir où le camarade se cache. Moi, au lieu de me mettre derrière la porte, je me mis dans un coin, derrière une armoire. Quand les petits rentrèrent, ils allèrent tous ensemble me chercher derrière la porte. J'attendis un instant et puis, constatant qu'ils ne me cherchaient pas, je sortis de ma cachette. Les enfants étaient déçus et tristes : « Pourquoi tu n'as pas voulu jouer avec nous ? Pourquoi tu ne t'es pas cachée ? »

S'il est vrai que, dans le jeu, on cherche son plaisir (et, en effet, les enfants étaient joyeux en répétant leur exercice absurde), il faut constater que le plaisir qu'ont les enfants, à un certain âge, est de retrouver les choses à leur place. Et le jeu de cache-cache est interprété par eux comme un prétexte à déplacer des objets dans des endroits cachés ou à les retrouver dans des endroits où ils sont invisibles, en se disant intérieurement : « De dehors, on ne le voit pas, mais moi, je sais où il est et je peux le trouver les yeux fermés, sûr de l'endroit où il est rangé. »

Tout cela prouve que la nature a mis chez l'enfant cette sensibilité à l'ordre pour construire un sens intérieur qui n'est pas destiné à établir la distinction entre les choses, mais la distinction des rapports entre les choses. Et c'est ce sens qui transforme l'ambiance en un tout, là où ses différentes parties dépendent les unes des autres. C'est dans une telle ambiance, connue dans son ensemble, qu'il est possible de s'orienter pour atteindre à certains buts. Sans une telle acquisition, c'est le fondement même de la vie de relation qui manquerait. Cela équivaudrait à avoir des meubles sans avoir une maison où les réunir. A quoi servirait l'accumulation des images extérieures, s'il n'existait pas l'ordre qui les organise ? Si l'homme avait seulement connaissance des objets et non de leurs rapports entre eux, il se trouverait dans un chaos sans issue ; c'est l'enfant qui a doté l'esprit de l'homme de cette faculté qui pourrait sembler un don de la nature : celle de s'orienter, de se diriger, pour chercher sa voie dans la vie. Dans la période sensible de l'ordre, la nature a donné la première leçon de la même façon que le maître qui apporte à l'enfant le plan de la classe, pour l'initier à l'étude de la carte géographique qui représente la surface de la terre ; ou bien encore on peut dire que la nature a confié à l'homme, en la personne de l'enfant, une boussole pour s'orienter dans le monde. C'est ainsi qu'elle a donné au petit enfant la possibilité de reproduire exactement les sons dont se compose le langage, ce langage au développement infini que l'adulte poursuivra dans les siècles. L'intelligence de l'homme ne sort de rien : elle s'édifie sur les fondations élaborées par l'enfant pendant ses périodes sensibles.

L'ordre intérieur

La sensibilité à l'ordre existe chez l'enfant à la fois extérieurement — et elle a trait aux rapports entre l'enfant et l'ambiance — et intérieurement, et elle lui fait prendre conscience des différentes parties de son propre corps et de leur position. C'est ce qu'on pourrait appeler « l'orientation intérieure ».

L'orientation intérieure a été étudiée par la psychologie expérimentale ; celle-ci a reconnu l'existence d'un sens musculaire qui permet à l'individu de se rendre compte des différentes positions des membres du corps, et que régit une mémoire spéciale : la mémoire musculaire. Une telle explication établit une théorie purement mécanique, fondée sur l'expérience des mouvements accomplis consciemment. Par exemple : l'individu bouge un bras pour prendre un objet ; ce mouvement est perçu, enregistré par la mémoire et peut se reproduire. L'homme aurait donc la faculté de décider de remuer son bras droit ou son bras gauche ; de se tourner d'un côté ou de l'autre, grâce à l'expérience qui le fait agir successivement selon la raison et la volonté. Or, l'enfant a manifesté l'existence d'une période sensible très développée, en rapport avec les positions du corps, bien avant qu'il puisse se mouvoir librement et, par conséquent, faire des expériences. C'est-à-dire que la nature prépare une sensibilité spéciale aux attitudes et aux positions du corps. Les vieilles théories s'appuyaient sur le mécanisme nerveux ; les périodes sensibles s'appuient sur des faits psychiques ; ce sont des éclairs, des vibrations spirituelles qui préparent la conscience : ce sont des énergies qui partent du néant, pour donner naissance aux éléments fondamentaux qui serviront à la construction future du monde psychique. C'est donc par un don de la nature que débute cette élaboration, et les expériences conscientes ne font que développer ce don.

Les expériences négatives qui dénoncent non seulement l'existence, mais l'acuité de cette période sensible, se font quand, dans l'ambiance, surgissent des circonstances qui font obstacle au paisible développement des conquêtes créatrices. Alors naît chez l'enfant une agitation souvent violente qui n'a pas seulement les caractères bien connus du caprice invincible, mais qui peut présenter les apparences de la maladie et qui résiste à tous les traitements, tant que persistent les circonstances défavorables. Tombé l'obstacle, le caprice et la maladie disparaissent immédiatement. Et cela indique clairement la cause du phénomène anormal.

Une nurse anglaise cite un exemple intéressant : devant s'éloigner quelque temps de la famille dont l'enfant était confié à ses soins, elle laissa, pour la remplacer, une nurse également expérimentée. Celle-ci trouva la tâche facile auprès de l'enfant, sauf pour lui donner son bain. L'enfant s'agitait et se désespérait : les pleurs n'étaient pas sa seule réaction ; il se défendait avec des mouvements violents et cherchait à s'échapper des mains de la nurse. Celle-ci apportait chaque jour des soins plus minutieux dans la parfaite préparation du bain, mais en vain ; et peu à peu, l'enfant la prit complètement en aversion. Quand la première nurse revint, le petit redevint calme et gentil et se laissa baigner en manifestant son plaisir. La nurse avait passé par notre école ; elle fut intéressée par l'incident et chercha l'élément psychique auquel pouvaient se rattacher les phénomènes survenus en son absence. Elle chercha patiemment à interpréter les mots imparfaits que disent les tout-petits enfants et elle put arriver à cette conclusion : le petit avait trouvé la seconde nurse méchante. Pourquoi ? Parce qu'elle lui donnait le bain à l'envers ! Les deux nurses constatèrent, en effet, que, tandis que la première prenait l'enfant de la main droite du côté de la tête et de la main gauche du côté des pieds, la seconde nurse avait l'habitude de faire le contraire.

Un autre exemple montre une agitation plus grave, puisqu'elle prit la forme de la maladie, tandis que les causes étaient moins faciles à repérer. Je m'y trouvai mêlée, quoique je ne sois pas intervenue directement ; mais, en ma qualité de docteur, je pus assister à tout le processus. L'enfant en question n'avait pas dix-huit mois. Sa famille arrivait d'un long voyage et l'enfant était vraiment trop petit pour en avoir supporté les fatigues. C'était là, du moins, l'opinion de tout le monde. Les parents racontaient pourtant qu'en voyage, il ne s'était produit aucun incident. Ils avaient couché chaque nuit dans d'excellents hôtels prévenus d'avance ; la chambre et la nourriture avaient été spécialement préparées pour l'enfant. Ils se trouvaient à présent dans un bel appartement meublé ; il n'y avait pas de berceau, mais l'enfant dormait dans un grand lit avec sa maman. La maladie de l'enfant avait débuté par une agitation nocturne et des troubles digestifs. La nuit, il fallait promener le petit et on attribuait ses cris à des douleurs. On avait appelé des médecins ; l'un d'eux avait ordonné des aliments modernes à base de vitamines, qui arrivaient préparés avec le plus grand soin. Les bains de soleil, les promenades et les traitements physiques les plus perfectionnés n'avaient apporté aucun soulagement. L'état de l'enfant empirait et la nuit était pour toute la famille une veille épuisante. A la fin, survinrent les convulsions. L'enfant se tordait en un spasme impressionnant. Les accès se manifestaient jusqu'à deux et trois fois par jour. On décida de consulter le médecin le plus réputé pour les maladies nerveuses d'enfants et l'on prit jour. Ce fut en cette circonstance que j'intervins. L'enfant semblait sain et, d'après le récit des parents, il avait été bien portant et tranquille pendant tout le voyage. Il devait donc y avoir là une cause psychique. Pendant que je me faisais cette opinion, l'enfant était sur le lit, en proie à un de ces accès d'agitation. Je pris deux fauteuils et les mis l'un en face de l'autre de façon à former une espèce de petit lit entouré de dossiers, ressemblant à un berceau. Je disposai dedans draps et couvertures et mis le tout en silence à côté du lit. L'enfant regarda, cessa de crier, roula sur lui-même jusqu'au bord du lit, se laissa choir dans le berceau improvisé et s'endormit immédiatement. Ses troubles ne se reproduisirent jamais.

L'enfant était évidemment sensible au contact d'un petit lit entourant son corps, et contre les parois duquel ses membres trouvaient un appui ; le grand lit était pour lui sans protection. Un désordre intérieur en avait surgi, causant ce conflit pénible, qui avait nécessité les soins de tant d'hommes de science. Les périodes sensibles sont si puissantes ! Elles sont les coups d'aiguillon donnés par la nature créatrice.

L'enfant ne sent pas l'ordre comme nous le sentons nous-mêmes. Nous sommes déjà riches d'impressions et devenus indifférents ; l'enfant est pauvre et vient du néant. Tout ce qu'il fait, il le fait avec rien. Il est seul à ressentir les fatigues de la création qui nous font ses héritiers. Nous sommes comme les fils d'un homme qui gagne des richesses à la sueur de son front, ct nous ne comprenons rien aux luttes et aux fatigues que doit soutenir notre père. Nous sommes ingrats et froids, dans une attitude de supériorité, parce que nous sommes bien installés, et bien partagés par la Société. Il nous suffit désormais d'user de la raison que l'enfant nous a préparée, de la volonté qu'il nous a construite, des muscles qu'il a animés pour que nous puissions les employer. Et nous pouvons nous orienter dans le monde parce qu'il nous a fait don de cette faculté ; et nous sommes conscients de nous-mêmes parce qu'il nous a préparé cette sensibilité. Nous sommes riches parce que nous sommes ses héritiers ; et lui, il a extrait de rien toutes les fondations de notre vie. L'enfant accomplit l'immense effort de faire le premier pas : celui qui va du néant aux origines. Il est si près des sources de la vie, qu'il agit pour agir. C'est ainsi que s'exécute le plan de la création, dont nous n'avons ni connaissance ni souvenir.

L'intelligence

L'enfant nous a démontré que l'intelligence ne se construisait pas lentement, de l'extérieur, comme le concevait la psychologie mécanique, celle qui influence encore pratiquement l'éducation et, par conséquent, le traitement de l'enfant. D'après cette conception, les objets extérieurs heurtent et forcent, pour ainsi dire, la porte des sens en pénétrant, grâce à une transmission venue de l'extérieur. Ces objets s'insinuent dans le champ psychique, s'associent les uns aux autres et, peu à peu, en s'organisant, contribuent à la construction de l'intelligence.

L'ancien adage *Nihil est in intellectu quod non fuerit in sensu* (Il n'est rien dans l'intelligence qui n'ait été perçu par les sens) résume cet ensemble de phénomènes. Ce concept soutient que l'enfant est, psychiquement, une chose passive, à la merci de l'ambiance et, par conséquent, sous la complète direction de l'adulte. A cela doit s'ajouter l'autre postulat répandu que, non seulement l'enfant est passif au point de vue psychique, mais qu'il est comme un vase vide, partant un objet à remplir et à modeler.

Notre expérience ne rabaisse certes pas l'importance de l'ambiance dans la construction de l'esprit. Il est bien entendu que notre pédagogie donne à l'ambiance une importance si grande qu'elle en fait la base centrale de toute la construction pédagogique. Il est aussi à remarquer que les sensations sont envisagées par nous d'une façon plus fondamentale et plus systématique qu'elles ne le furent jamais dans aucune autre méthode d'éducation. Il y a pourtant une différence subtile entre le vieux concept de l'enfant passif et la réalité : c'est l'existence de la sensibilité intérieure de l'enfant. Il y a une période sensible très prolongée qui dure presque jusqu'à l'âge de cinq ans et qui rend l'enfant capable, d'une façon vraiment prodigieuse, de s'approprier les images de l'ambiance. L'enfant est donc un observateur qui enregistre activement les images au moyen de ses sens, ce qui est autre chose que de les recevoir ainsi qu'un miroir. On peut remarquer qu'il le fait grâce à une impulsion intérieure, à un sentiment, à un goût spécial, et que, par conséquent, il choisit les images. James illustre cette constatation quand il dit que personne ne voit jamais un objet dans la totalité de ses détails, mais que chaque individu en voit seulement une partie d'après ses propres sentiments, ses propres intérêts. C'est pour cela qu'une même chose est décrite différemment par les différentes personnes qui l'ont vue. Ses exemples étaient excellents ; il disait : « Si vous avez une robe neuve qui vous plaise beaucoup, vous observerez tout particulièrement dans la rue les robes des personnes élégantes et vous courrez ainsi le danger de finir sous une auto ».

On pourrait se demander quelles peuvent être, chez le petit enfant, les préoccupations qui le conduisent à « choisir » parmi les images infinies et mélangées qu'il rencontre autour de lui. Il est évident que l'enfant ne peut pas avoir cette préoccupation d'origine extérieure citée par James, parce qu'il n'a pas encore d'expérience. L'enfant part de rien et devient précisément l'être actif qui doit avancer tout seul. La base autour de laquelle agissent intérieurement les périodes sensibles, c'est la raison. Le raisonnement germe peu à peu comme une fonction naturelle, comme une chose vivante qui croît et qui se concentre, grâce aux images prises à l'ambiance.

C'est la force irrésistible, l'énergie primordiale. Les images s'organisent tout de suite au service du raisonnement, et c'est pour le service du raisonnement que l'enfant absorbe tout d'abord les images. Il en est avide et, on peut dire, insatiable. On a toujours constaté que la lumière, les couleurs, les sons, avaient beaucoup d'attrait pour lui ; il en jouit avec une vivacité évidente. Mais nous voulons montrer le phénomène intérieur, c'est-à-dire le raisonnement en tant que mouvement spontané, bien qu'il s'agisse ici d'un raisonnement à l'état de germination. Il va de soi que de telles conditions psychiques chez l'enfant réclament notre aide et notre respect. L'enfant passe du néant aux origines, en créant ce qui caractérise la supériorité de l'homme, c'est-à-dire la raison. C'est dans cette voie qu'il avancera, bien avant que ses petits pieds commencent à cheminer dans celle où évoluera son corps.

Un exemple éclaire mieux qu'une discussion ; je citerai donc un exemple impressionnant : il s'agit d'un enfant de quelques semaines, qui n'était encore jamais sorti depuis sa naissance. La nurse le tenait dans ses bras quand, ensemble, se présentèrent à lui son père et un oncle qui vivaient dans la même maison. Les deux hommes avaient à peu près la même stature et le même âge. Le petit eut un mouvement de surprise et presque d'épouvante. Alors, les deux hommes, qui avaient des notions de notre psychologie, cherchèrent à aider l'enfant en évitant de l'agiter. Ils restèrent auprès de lui, mais en se séparant, l'un allant à droite, l'autre à gauche, tout en restant à portée de sa vue. Le petit enfant se tournait pour regarder l'un d'eux avec une préoccupation évidente et, après l'avoir fixé, lui souriait. Mais, tout à coup, son regard reprenait une expression préoccupée, épouvantée et, d'un mouvement rapide, cherchait l'autre, qu'à son tour, il regardait longuement. Ce n'est qu'après quelque temps qu'il lui souriait. Il répéta ces alternatives de préoccupation et de sourire, les accompagnant d'un mouvement de la tête de gauche à droite une dizaine de fois, avant de réaliser que les hommes étaient deux. C'étaient les deux seuls hommes qu'il avait jamais vus jusqu'alors ; chacun d'eux lui avait souvent fait fête, l'avait pris dans ses bras, l'avait flatté d'un mot affectueux. Il avait bien compris que c'était un être différent de sa maman, de sa nurse et du groupe féminin qu'il avait l'habitude d'observer dans la maison, mais, n'ayant jamais vu les deux hommes ensemble, il s'était fait l'idée qu'il n'existait qu'un seul homme. De là son épouvante à réaliser tout d'un coup que cet être qu'il avait si péniblement tiré hors du chaos, brusquement, se dédoublait : il venait de découvrir sa première erreur. Pour la première fois, à quatre semaines, l'inanité de la raison humaine s'était présentée à son esprit dans sa lutte au cours du processus de l'incarnation.

Dans une autre ambiance où les adultes n'eussent eu aucune notion de la vie psychique de l'enfant dès sa naissance, l'incident serait resté insoupçonné et l'enfant n'aurait pas trouvé l'aide précieuse que lui donnèrent les deux hommes en lui facilitant un pas difficile, un effort vers la réalisation de la conscience.

Voici des exemples d'enfants plus âgés : une petite fille de sept mois, assise par terre, sur un tapis, jouait avec un coussin. Sur l'étoffe du coussin, des fleurs et des enfants étaient imprimés. Et la petite fille, dans un joyeux enthousiasme, sentait les fleurs et embrassait les enfants. Une bonne ignorante, à qui l'enfant était confiée, interpréta ainsi ces gestes : l'enfant s'amusait à tout sentir, à tout embrasser. Aussi s'empressa-t-elle de lui donner toute espèce d'objets, en lui disant : « Sens celui-ci, embrasse celui-là » ; et ainsi, cet esprit qui était en train de s'organiser, qui reconnaissait les images, accomplissant dans la joie et la tranquillité un travail de construction intérieure, resta dans la confusion. Son effort mystérieux vers l'ordre intérieur venait d'être brisé par une adulte incompréhensive, comme une construction de sable par la vague.

Il résulte d'un grand nombre d'expériences une certitude absolue : c'est que les enfants — dès la première année — ont recueilli les impressions sensorielles de l'ambiance avec tant de clarté, qu'ils reconnaissent les figures représentées en perspective par des images sur une surface plane. On peut, en outre, affirmer que de telles impressions, une fois dépassées, ne présentent plus un vif intérêt pour eux.

Dès le début de sa seconde année, l'enfant n'est plus attiré avec la fascination propre aux périodes sensibles par les choses clinquantes, par les couleurs vives, mais plutôt par de petites choses qui nous échappent. On dirait que ce qui l'intéresse, c'est l'invisible : ce qui se trouve aux confins de la conscience.

Je constatai pour la première fois cette sensibilité chez une enfant de quinze mois. J'entendais venir du jardin des éclats de rire inusités chez de si jeunes enfants. Elle était sortie toute seule et s'était assise sur les briques de la terrasse. Tout près d'elle, il y avait un magnifique massif de géraniums en fleurs, sous un soleil quasi tropical. Mais l'enfant ne le regardait même pas. Il s'agissait donc d'une de ces énigmes enfantines. Je m'approchai tout doucement et regardai sans rien percevoir. Alors, l'enfant m'expliqua, dans un souffle : « Une petite chose qui bouge. » Je vis, à l'aide de cette indication, un objet imperceptible, presque microscopique, à peu près de la couleur de la brique, et qui courait rapidement. Ce qui avait impressionné l'enfant, c'était qu'un être si petit existât, qu'il pût bouger, courir. Son étonnement lui procurait une joie bruyante, plus grande que celles qu'on rencontre généralement chez les enfants : et cette joie n'était nullement provoquée par le soleil, ni par les fleurs, ni par les couleurs.

Une impression analogue me fut donnée par un enfant à peu près du même âge : la maman avait accumulé pour lui une véritable collection de cartes illustrées en couleurs. L'enfant prenait plaisir à me les montrer et transporta près de moi le volumineux paquet. « Automobile », me dit-il à sa façon, en un mot monosyllabique, par lequel je compris pourtant qu'il s'agissait de me montrer l'image d'une auto. Il y avait une grande variété de belles images, résultant de l'intention maternelle d'apporter, avec cette collection, le plaisir et l'instruction à la fois. Il y avait là des images d'animaux exotiques : des girafes, des lions, des ours, des singes, des oiseaux ; et des animaux domestiques susceptibles d'intéresser un petit enfant : des moutons, des chats, des ânes, des chevaux, des vaches ; et de petites scènes et des paysages où se trouvaient à la fois des animaux, des maisons et des personnages. Mais la chose curieuse, c'est que, dans cette riche collection, manquait précisément l'automobile. « Je ne vois pas d'automobile », dis-je à l'enfant. Alors, il chercha une carte qu'il me présenta en disant triomphalement : « La voilà... »

Il s'agissait d'une scène de chasse qui représentait, au centre, un très beau chien braque. Plus loin, en perspective, on voyait le chasseur, le fusil sur l'épaule ; dans un coin, très loin, une petite maison, et puis une ligne sinueuse qui devait être une route et, sur cette ligne, un point obscur. L'enfant m'indiqua ce point du doigt en disant : « Automobile ». En effet, dans des dimensions presque invisibles, on pouvait reconnaître que ce point représentait une automobile. C'était donc la difficulté à le voir, c'était le fait qu'une machine pût être représentée en de si petites proportions qui rendaient pour l'enfant l'image intéressante et digne d'être montrée.

Je pensai que, sans doute, toute cette variété de belles choses n'avait rien apporté à l'enfant. Je choisis une carte qui représentait le long cou et la tête d'une girafe et je commencai à lui expliquer : « Regarde, le cou si long, si curieux... » « Girafe », répondit sérieusement l'enfant. Et je n'eus pas le courage de continuer.

On dirait qu'il existe vers l'âge de deux ans une période pendant laquelle la nature fait faire à l'intelligence des progrès successifs afin de lui faire prendre une complète connaissance de toutes choses.

L'esprit de l'enfant est pratiquement inconnu des adultes ; il leur apparaît comme une énigme, parce qu'ils ne le jugent que sous l'angle de l'impuissance pratique et non au point de vue de la puissance de l'énergie psychique en soi. Il nous faut penser qu'il existe une cause à toute manifestation de l'enfant. Il n'y a pas un phénomène qui n'ait ses propres raisons d'être. Il est bien facile de considérer que chaque réaction mystérieuse est un caprice ! Ce caprice doit prendre à nos yeux l'importance d'un problème à résoudre, d'une énigme à déchiffrer. Cette attitude nouvelle représente une élévation morale pour l'adulte.

Je citerai à ce propos l'histoire d'un groupe de dames

réunies dans un salon. La maîtresse de maison avait gardé auprès d'elle son petit garçon de dix-huit mois, environ, qui jouait tout seul bien tranquillement. On parlait de livres à l'usage des tout petits enfants. « Il y en a de bien sots », disait la jeune maman. « J'en ai un sous la main intitulé Sambo. Sambo est un négrillon. Le jour de sa fête, ses parents lui firent divers cadeaux. Ils lui donnèrent une ombrelle, une culotte, des bas, des souliers et une veste aux couleurs éclatantes, et on lui préparait un bon déjeuner, quand Sambo, impatient de se pavaner dans ses nouveaux atours, les revêtit et s'en alla sans crier gare. Il rencontra des animaux féroces, et il lui fallut, pour les amadouer, céder à chacun d'eux une partie de ses vêtements neufs. La girafe prit l'ombrelle, le tigre, les souliers, etc..., et le pauvre Sambo s'en retourna chez lui, tout nu et tout en larmes. Mais tout finit dans le pardon et dans la joie, autour de la table servie, comme l'indique la dernière image. »

La dame montrait le livre qui passait de main en main, quand on entendit l'enfant qui disait : « Non ! Lola !... » Surprise de tout le monde ! Voilà que se présentait une de ces énigmes enfantines. Et l'enfant répétait énergiquement son mystérieux : « Non ! Lola ! »

« Lola, dit la mère, c'est le nom de la nurse qui n'est restée que quelques jours avec le petit. » Mais l'enfant se mit à appeler plus fort cette Lola, d'une façon qui représentait bien le « caprice à grand renfort de cris ». Alors on reprit le livre de Sambo et l'enfant indiqua la dernière image, non du texte, mais de la couverture : elle représentait le négrillon qui pleurait. Et l'on comprit que « Lola », dans son langage enfantin, correspondait au mot espagnol « llora », qui signifie « il pleure ».

En effet, la fin du livre ne représentait pas le bon

déjeuner et la scène joyeuse, mais c'était, sur le dos de la couverture, Sambo qui pleurait. Personne n'avait remarqué cette image. Tout avait été logique dans la protestation de l'enfant, quand la maman avait dit : « Tout finit dans la joie... » Pour l'enfant, il était évident que le livre finissait, au contraire, sur les larmes de Sambo. L'enfant avait mieux observé le livre que sa mère. Et le plus impressionnant était qu'un enfant qui ne parlait pas encore avait pu suivre tout le fil d'une longue conversation.

La personnalité psychique de l'enfant est bien différente de la nôtre. Elle ne va pas graduellement du minimum vers le maximum.

L'enfant qui voit les détails infimes et réels doit se faire de nous, qui voyons dans les images nos synthèses mentales — à lui inaccessibles — une idée d'infériorité ; il doit nous considérer comme des incapables, comme des gens qui ne savent pas regarder. Sans doute, dans son jugement, ne nous attribue-t-il aucune exactitude ; il nous voit passer avec indifférence, avec inconscience, devant d'intéressants détails. S'il pouvait s'exprimer, il nous révélerait certainement qu'en son for intérieur il n'a aucune confiance en nous ; pas plus que nous n'en avons, d'ailleurs, en lui, qui est étranger à notre façon de concevoir les choses. Et c'est pour cela qu'adultes et enfants ne se comprennent pas.

Quand, dans les crèches ou dans les classes élémentaires, les maîtres s'exténuent à parler d'un objet usuel à des enfants de trois ou quatre ans, comme si ceux-ci n'avaient jamais rien vu et arrivaient au monde à la minute présente, ils doivent produire sur eux le même effet que produit sur un homme qui entend parfaitement celui qui le prend pour un sourd. Les gens hurlent et scandent leurs mots pour dire des choses déjà comprises ; au lieu de répondre, il proteste en disant simplement : « Je ne suis pas sourd. »

Dormir

Le conflit entre l'adulte et l'enfant commence quand celui-ci est arrivé au point de son développement où il peut commencer à agir.

Personne, auparavant, ne pouvait complètement l'empêcher de voir ni d'entendre, c'est-à-dire de faire la conquête sensorielle de son monde.

Mais à partir du moment où l'enfant agit, marche, touche aux objets qui l'entourent, voici que le tableau se présente sous un angle tout à fait différent. C'est alors que, en dépit de l'amour réel, profond qu'éprouve l'adulte pour son enfant, un instinct de défense se dresse chez lui envers ce nouveau venu qui va bouleverser son univers.

L'état psychique de l'enfant et celui de l'adulte sont si différents l'un de l'autre, que la vie en commun est presque impossible, si l'on n'a pas recours à certaines adaptations. Or ces adaptations se font au complet désavantage de l'enfant, dont l'infériorité sociale est absolue ; et la répression de l'enfant, dans l'ambiance où règne l'adulte, devient fatale, du fait que l'adulte, inconscient de cette attitude de défense, n'est conscient que de son amour et de sa généreuse abdication.

La défense inconsciente n'affleure à la conscience que

munie d'un masque : l'avarice, anxieuse de défendre les objets de l'adulte, devient « le devoir de bien élever l'enfant ». Et la crainte du petit dérangeur devient « la nécessité de faire se reposer l'enfant ».

Dans le peuple, la mère se contente de se défendre avec force taloches, cris et injures, expédiant l'enfant jouer dans la rue, sans préjudice des caresses expansives ni des baisers sonores, qui correspondent à la part d'amour.

Les camouflages revêtent, dans les classes plus élevées de la société, des attitudes bien vues par celles-ci, telles que l'amour, le sacrifice, le devoir, le contrôle des actes extérieurs. Toutefois, les mères de ces classes-là ont d'autres moyens de se débarrasser de leurs enfants incommodes : elles les confient à des nurses qui les emmènent promener. La patience, la gentillesse et jusqu'à la soumission des mères envers ces nurses sont une espèce de compromis tacite par lequel elles pardonnent et supportent tout, à condition que l'enfant gêneur soit tenu à distance.

Dès que l'enfant, sorti victorieux de sa chrysalide, ayant réussi à animer ses instruments d'activité, jouit de sa victoire, le voilà qui rencontre la redoutable armée des géants qui lui barre l'entrée du monde.

Cette situation rappelle celle du peuple hébreu, guidé par Moïse. Quand les souffrances éprouvées dans le désert semblaient vouloir se transformer en bien-être à l'approche d'une oasis, c'était la guerre qui les accueillait ; et le souvenir de la résistance des Amalécites contre le peuple errant emplit celui-ci d'une telle épouvante, qu'il erra quarante ans dans le désert, où les siens s'épuisaient.

C'est une loi de la nature : l'homme défend contre l'envahisseur ce qu'il a réussi à établir chez lui. Entre les peuples, cette loi prend une violence extrême. Mais le besoin cruel, qui donne son impulsion à cette défense, reste caché dans les profondeurs de l'âme humaine. La manifestation la plus imprévue de cette loi se produit quand le peuple des adultes stabilisés défend sa tranquillité contre le peuple envahisseur des nouvelles générations. Le peuple envahisseur n'est pourtant pas refoulé. Il combat désespérément, parce qu'il combat pour son existence. Cette lutte, masquée sous le camouflage de l'inconscient, se livre entre l'amour des parents et l'innocence des enfants.

*
* *

Il est bien commode à l'adulte de dire : « L'enfant ne doit pas remuer, il ne faut pas qu'il touche à nos objets ; il ne doit pas parler, ne doit pas crier ; il faut qu'il dorme et qu'il mange. » Ou bien : « Il faut que l'enfant sorte de la maison avec une étrangère sans amour. » Poussé par la force d'inertie, l'adulte prend la voie la plus pratique : il fait dormir l'enfant.

Personne ne doute que le sommeil ne soit utile. Mais l'enfant est un être capable d'observation. Ce n'est pas un dormeur par nature. Il a besoin d'un temps de sommeil normal et, sans doute, devons-nous le seconder scrupuleusement dans ce besoin. Il faut pourtant distinguer le sommeil normal de l'enfant du sommeil artificiel que nous provoquons chez lui.

Il est bien certain qu'un être dont la volonté est puissante peut suggestionner un être faible. L'adulte qui endort l'enfant le suggestionne inconsciemment. Représenté par des spécialistes comme les nurses, il a, d'accord avec elles, condamné cet être si vif à dormir. Non seulement le petit bébé, mais l'enfant de trois, quatre ans et davantage, est également condamné à dormir au-delà de ses besoins. Les enfants du peuple, en courant toute la journée dans la rue, ne fatiguent pas les mères. Ils échappent ainsi au péril du sommeil. Or il est bien reconnu que les enfants du peuple sont moins nerveux que ceux des classes cultivées. Et pourtant, l'hygiène préconise les longs sommeils, faisant tout un panégyrique de la vie végétative. Je me rappelle un enfant de sept ans qui me confia n'avoir jamais vu les étoiles, parce qu'on l'avait toujours fait dormir avant la tombée de la nuit. Il me disait : « Je voudrais, rien qu'une nuit, aller en haut d'une montagne et me coucher par terre pour regarder les étoiles. » Beaucoup de parents se vantent d'avoir si bien habitué leurs enfants à dormir de bonne heure, le soir, qu'ils sont complètement libres de sortir.

Le lit des enfants qui savent déjà se mouvoir seuls est une hérésie. Différent du berceau qui a sa beauté et son moelleux, différent du lit des grandes personnes fait pour s'étendre commodément et dormir, ce qu'on appelle « le lit d'enfant »est la première prison qu'offre la famille à ces êtres qui luttent pour leur existence intellectuelle. La haute cage de fer dans laquelle les parents les font descendre pour trouver le gîte forcé est à la fois une réalité et un symbole. Les enfants sont les prisonniers d'une civilisation construite exclusivement par l'adulte pour le bien de l'adulte, qui se resserre toujours davantage, ne laissant à la liberté de l'enfant qu'un espace progressivement réduit.

Le lit de l'enfant est une cage surélevée afin que l'adulte puisse manier l'enfant sans avoir le mal de se baisser ; il peut ainsi abandonner cet être qui, sans doute, va pleurer, mais ne se blessera pas. On fait l'obscurité autour de lui ; ainsi, quand viendra le jour, la lumière ne le réveillera pas.

Une des premières aides à la vie psychique de l'enfant est la réforme du lit et des habitudes relatives au long sommeil imposé. L'enfant doit avoir le droit de dormir quand il a sommeil, de s'éveiller quand il a fini de dormir, et de se lever quand il le veut. Aussi conseillons-nous l'abolition du classique lit d'enfant et son remplacement par un matelas très bas, recouvert d'une grande couverture, sur lequel l'enfant peut se coucher et qu'il peut quitter à sa volonté. Bien des détails apparemment difficiles à résoudre peuvent trouver leur solution au moyen de réformes bien simples. Celle-ci est économique, comme toutes les réformes qui aident à la vie psychique de l'enfant ; celui-ci a besoin de choses simples. Et le peu de choses qui existent pour lui sont compliquées d'obstacles contre sa propre vie. Beaucoup de familles ont adopté cette réforme. Les enfants vont spontanément se coucher le soir, tout joyeux, et, le matin, ils se lèvent sans éveiller personne. Ces exemples prouvent combien l'erreur est profonde dans l'organisation de la vie des enfants, et comme l'adulte, tout en se fatiguant pour le bien de l'enfant, va véritablement à l'encontre des besoins de celui-ci.

Il faut donc que l'adulte essaye d'interpréter les besoins de l'enfant pour les comprendre et les seconder en lui préparant une ambiance appropriée. C'est ainsi que peut s'ouvrir une ère nouvelle de l'éducation, celle de « l'Aide à la Vie ». Il faut clore l'époque où l'adulte considérait l'enfant comme un objet qui se prend et se transporte n'importe où quand il est petit, et qui, plus grand, n'a qu'à suivre et obéir. Il faut bien que l'adulte se persuade qu'il doit n'occuper qu'une place secondaire ; il faut qu'il s'efforce de comprendre l'enfant avec le désir de se faire son auxiliaire. Voilà l'orientation que devraient adopter les mères et les éducateurs. Si la personnalité de l'enfant — qui est faible — doit être aidée dans son développement par celle de l'adulte — qui est puissante — il faut que celle-ci sache se faire indulgente et, prenant comme point d'appui le guide que constitue pour lui l'enfant, considère comme son propre honneur de pouvoir le comprendre et le suivre.

Marcher

Renoncer à ses propres besoins et répondre à ceux de l'être en voie de formation, telle est la ligne de conduite qui devrait être celle de l'adulte.

Les animaux supérieurs s'adaptent d'instinct aux conditions de leurs petits : quand un jeune éléphant est conduit par sa mère dans le groupe des adultes, la grande masse des pachydermes ralentit sa marche pour permettre au petit de s'incorporer ; et quand celui-ci est fatigué et qu'il s'arrête, tout le monde s'arrête.

Le sentiment d'un semblable sacrifice n'a pas encore pénétré dans notre forme de civilisation.

J'observais un jour un Japonais qui emmenait promener son enfant d'un an et demi à deux ans. Tout à coup, le petit, s'arrêtant, entoura de ses bras une jambe de son père ; celui-ci s'arrêta aussitôt devant l'enfant, qui se mit à tourner en rond autour de la jambe choisie pour son jeu ; quand l'enfant eut terminé son exercice, il recommença lentement sa promenade. Au bout d'un instant, le petit s'assit sur le bord du trottoir ; le père s'arrêta à côté de lui ; sa physionomie était sérieuse et naturelle ; il ne faisait rien là d'exceptionnel : c'était tout simplement un papa qu promenait son enfant.

C'est ainsi que devrait se comprendre la promenade, pour rendre possible au petit enfant cet exercice essentiel qu'est la marche, à une époque de sa vie où l'organisme doit coordonner tant d'efforts pour établir l'équilibre de l'individu.

Bien que l'homme ait le corps formé de parties correspondantes à celles du corps des mammifères, il lui faut marcher au moyen de deux membres au lieu de quatre. Le singe lui-même a les membres supérieurs très longs ; il peut donc s'aider de ses mains pour marcher. L'homme est le seul individu qui confie à deux membres seulement son équilibre. Les mammifères marchent en levant à la fois deux membres dans le sens de la diagonale, de sorte qu'il reste toujours deux appuis à leur corps. Mais l'homme qui marche alterne son appui sur un pied seulement. Cette difficulté est résolue par la nature à l'aide de l'instinct et de l'effort individuel.

Pour que l'enfant perfectionne sa marche, il lui faut marcher. Son premier pas, cet événement salué joyeusement par la famille, est précisément une conquête de la nature ; il consigne le passage de la première année d'existence à la deuxième. C'est, pour ainsi dire, la naissance de l'homme actif qui se substitue à l'homme inerte : c'est, pour l'enfant, le début d'une vie nouvelle. La physiologie a considéré l'établissement de cette fonction comme un critérium du développement. Mais, par la suite, c'est « l'exercice » de l'enfant qui entre en jeu : la conquête de l'équilibre et de la sécurité de la marche est due à de longs exercices et, par conséquent, à l'effort individuel. On sait que l'enfant se met à marcher avec un élan irrésistible et courageux. Il avance avec témérité. C'est un véritable soldat qui s'élance à l'assaut, insouciant des risques. C'est bien pour cela que l'adulte l'entoure de protections qui sont des obstacles : il essaye de le tenir à l'abri dans un parc à enfants, ou bien il l'enferme dans une petite voiture, alors même que ses jambes sont devenues robustes depuis longtemps.

Or, à la promenade, c'est encore l'enfant qui doit s'adapter à l'adulte ; il a des jambes plus courtes, moins de résistance aux longues marches, et l'adulte ne renonce pas à son propre rythme, même quand cet adulte est une nurse, c'est-à-dire une spécialiste exclusivement consacrée aux soins d'un petit enfant. La nurse va, de son pas, vers l'endroit qu'elle a choisi pour se promener, poussant la petite voiture dans laquelle l'enfant a, petit à petit, pris la fonction des fruits qu'on apporte au marché sur la charrette. Ce n'est qu'arrivée à son but — par exemple dans un beau parc — qu'elle s'assiéra, sortira l'enfant de la voiture et qu'elle le laissera se promener auprès d'elle.

Dans tout ce comportement, le seul objectif est le corps de l'enfant, la vie végétative, l'abri contre le danger extérieur ; mais aucun des besoins les plus essentiels, — les besoins de construction de la vie de relation — n'est envisagé.

L'enfant de dix-huit mois à deux ans est capable de parcourir des kilomètres. Il peut franchir des passages difficiles, monter des escaliers. Seulement, il marche avec un but différent du nôtre. Nous cheminons pour atteindre un but extérieur, et nous allons droit à ce but. L'enfant, lui, marche pour élaborer ses propres fonctions. Son but est donc de se créer lui-même. Il est lent. Son rythme n'est pas encore établi, mais les choses qui l'entourent l'attirent. L'aide que devrait apporter l'adulte serait, à ce moment, de renoncer à son propre rythme, à ses propres buts.

J'ai connu, à Naples, une famille dont le dernier né avait dix-huit mois. La route par laquelle, l'été, ces personnes se rendaient à la mer était longue de plus d'un kilomètre, et impraticable aux voitures. Les jeunes parents, qui voulaient emmener le petit avec eux, l'aidaient dans cette promenade par le rythme de leur propre marche. L'enfant s'arrêtait à quelque fleur, s'asseyait sur l'herbe d'un pré, regardait quelque animal. Un jour, il resta près d'un quart d'heure, intéressé par un âne qui paissait. Et ainsi, chaque jour, l'enfant descendait et remontait sans fatigue ce chemin long et difficile.

Même à ce propos, certaines mères parlent de caprices. Une dame m'interrogea un jour sur les « caprices » d'une petite fille ; cette enfant, qui marchait à peine, criait en voyant l'escalier et avait de véritables accès de rage quand on la prenait dans les bras pour descendre. Cette dame se demandait si elle n'avait pas mal observé, parce qu'il lui semblait illogique que son enfant s'agitât et pleurât précisément en traversant un escalier. Elle pensait qu'il y avait là une simple coïncidence. Or il était clair que l'enfant désirait descendre et monter l'escalier « toute seule ». Ce chemin attrayant, plein de points d'appui et de sièges, la séduisait évidemment plus que les herbes hautes des prairies dans lesquelles ses petits pieds enfonçaient et où ses mains ne trouvaient aucun appui ; mais les prairies étaient les seuls endroits permis à l'enfant pour ses évolutions, quand elle n'était ni sur les bras ni dans sa petite voiture.

Un escalier en plein air est un lieu de délices pour les enfants qui montent, descendent, s'asseyent, se relèvent, se laissent glisser. La capacité d'un enfant des rues à se mouvoir à travers les obstacles, à éviter les dangers, à courir, voire à se cramponner aux véhicules en mouvement, dénote un potentiel bien éloigné de l'inertie peureuse et, en fin de compte, paresseuse, dont font preuve les enfants des classes élevées. Aucune classe sociale n'a aidé ses enfants dans leur développement : les uns restent abandonnés dans l'ambiance inadaptée et pleine de périls de l'adulte ; les autres ont été réprimés pour être soustraits à cette ambiance dangereuse ; ils ont été relégués auprès d'obstacles protecteurs.

L'enfant, ce grand lutteur pour la conservation de la race, est semblable au Messie, de qui les prophètes disaient qu'Il n'avait pas un endroit où poser sa tête ni où conduire ses pas.

La main

Il est curieux de constater que les deux grandes étapes considérées par la physiologie comme les critères du développement normal de l'enfant sont basées sur le mouvement : ce sont la marche et la parole. La science a donc considéré ces deux fonctions motrices comme une espèce d'horoscope où se lit l'avenir de l'homme. Ces deux manifestations signalent, en effet, sa première victoire sur ses instruments d'expression et d'activité.

Si le langage est une des caractéristiques de l'homme, — étant l'expression de sa pensée — la marche, elle, est commune à tous les animaux. Et, bien que le « déplacement du corps dans l'espace » ait, chez l'homme, une valeur telle qu'il lui permet d'envahir la terre entière, la marche n'est pas le mouvement qui caractérise l'être intelligent.

L'organe moteur qui caractérise l'homme, c'est la main, au service de l'intelligence, pour la réalisation du travail.

La présence de l'homme aux époques préhistoriques est révélée par les pierres fendues qui constituaient son premier instrument de travail. Elles accusent une voie nouvelle dans l'histoire biologique des êtres vivants sur notre planète. Le langage humain devient un document du passé quand il est enregistré par un travail de la main sur la pierre. Une des caractéristiques de l'homme est la liberté de sa main, la possibilité pour ses membres supérieurs de se livrer à des gestes qui ne sont plus ceux du simple déplacement dans l'espace, mais qui les transforment en organes exécutifs de l'intelligence.

Dans l'évolution des êtres vivants, l'homme se met dans une position nouvelle et démontre l'unité fonctionnelle du psychique et du mouvement.

La main est cet organe dont la structure fine et compliquée permet à l'intelligence de se manifester, à l'homme, de prendre possession de l'ambiance, de la transformer et, guidée par l'intelligence, d'accomplir sa mission dans le cadre de l'univers.

Il serait donc logique, pour juger du développement psychique de l'enfant, de considérer, dès son apparition, l'expression de son « mouvement intellectuel » : c'est-à-dire le langage et l'activité de sa main qui aspire au travail.

L'homme, guidé par un instinct subconscient, allie ces deux manifestations motrices de l'intelligence, ces deux « caractères » propres et exclusifs au genre humain : quand deux êtres se marient, ils échangent leur parole et unissent leurs mains. Quand on promet le mariage, on « donne sa parole » ; quand on demande quelqu'un en mariage, on « demande sa main ». Quoi donc de plus sacré et de plus merveilleux que le développement chez l'enfant de ce « mouvement humain » ? C'est dans une attente solennelle que le premier mouvement de cette petite main vers les objets extérieurs devrait être accueilli. L'effort que représente l'élan de l'enfant pour pénétrer dans le monde devrait remplir l'adulte d'admiration. Or l'homme a peur de ces petites mains tendues vers les objets sans valeur et sans importance qui l'entourent, et ce sont ces objets qu'il s'attache à défendre contre l'enfant. Son souci est de répéter « ne touche pas », comme il répète « ne bouge pas », ou « tais-toi »! Et, dans ce souci, une défense s'organise ; il réclame, dans les ténèbres de son subconscient, l'aide des autres hommes, comme s'il lui fallait lutter contre une puissance qui attaque son bien-être et sa propriété.

Pour voir et pour entendre, c'est-à-dire pour recueillir du milieu les éléments nécessaires à la construction mentale, il faut bien que ces éléments existent. Quand il se meut pour construire, se servant de ses mains pour travailler, l'enfant a besoin des objets extérieurs ; il faut bien qu'il trouve dans l'ambiance des « motifs d'activité ». Mais, dans sa famille, on ne prend pas ce besoin en considération. Tous les objets qui entourent l'enfant sont la propriété de l'adulte ; et ces objets lui sont interdits. Ils sont « tabou ». Une simple « défense de toucher » résout le problème vital du développement de l'enfant. Si celui-ci réussit à s'emparer de ce qui lui tombe sous la main, c'est à l'égal d'un petit chien affamé qui trouve un os et qui s'en va le ronger dans un coin.

Or, l'enfant ne se meut pas au hasard. Il cherche à organiser ses mouvements en obéissant aux impulsions qui lui viennent de l'intérieur. C'est ce « moi intérieur » qui établit l'unité entre la psychie naissante et les organes d'expression au prix de continuelles expériences.

L'important est donc que l'enfant choisisse et exécute lui-même ses gestes en toute spontanéité. Ces mouvements constructeurs ont des caractères bien déterminés : il n'est pas question d'impulsions désordonnées ou étourdies. Il ne s'agit pas de courir, de sauter, de manier des objets au hasard, semant le désordre et la destruction. Le mouvement constructeur prend la forme d'actions que l'enfant a vu accomplir par les adultes. Ses activités sont donc en liaison avec les usages des différents milieux familiaux et sociaux dans lesquels il vit ; l'enfant voudra épousseter ou laver la vaisselle ou le linge, transvaser de l'eau, ou bien se laver, se peigner, s'habiller, etc... Comme c'est là un phénomène universel, on l'appelle « imitation » et l'on dit que l'enfant fait ce qu'il a vu faire. Une telle interprétation n'est pas exacte : cette imitation est bien différente de celle, immédiate, du singe, par exemple. Les mouvements constructeurs de l'enfant sont dictés par son psychique ; ils sont établis sur une connaissance. La vie psychique, qui doit diriger, préexiste toujours sur les mouvements qui y sont attachés : quand un enfant veut se mouvoir, il sait d'avance ce qu'il veut faire ; et ce qu'il veut faire, il l'a déjà vu faire. La même observation s'adresse au développement du langage. L'enfant adopte le langage qu'il entend autour de lui ; quand il prononce un mot, c'est qu'il l'a appris en l'entendant et qu'il l'a retenu. Mais il s'en sert selon son propre besoin du moment. Cette connaissance du mot et l'usage qu'il en fait, ce n'est pas de l'imitation, au sens du perroquet parlant : c'est une observation emmagasinée, une connaissance acquise. La mise en service de cette connaissance est un acte indépendant. Cette différence capitale doit donner des activités enfantines une compréhension plus exacte.

Avant même que l'enfant ne réussisse à exécuter des actions clairement logiques comme celles qu'il a vu accomplir par les adultes, il commence par agir avec des buts à lui, employant les objets de façon souvent inintelligible pour nous ; et cela, le plus souvent, entre dix-huit mois et trois ans.

J'ai vu un enfant d'un an et demi qui, ayant trouvé chez lui une pile de serviettes bien repassées et bien rangées les unes au-dessus des autres, avait pris une de ces serviettes et, la soutenant bien soigneusement par en-dessous pour qu'elle ne se dépliât pas, la transportait dans le coin de la pièce le plus éloigné en diagonale et la déposait par terre en disant : « Un ! » Il retournait ensuite en arrière, marchant dans cette même direction en diagonale, guidé par une sensibilité qui l'orientait. De retour dans son premier coin, il prenait une autre serviette, de la même manière, la transportait le long du même chemin et, la déposant sur celles qu'il avait déjà posées par terre, répétait le même mot : « Un ! » Et il continuait ainsi jusqu'à ce qu'il eût transporté toutes les serviettes. Et puis, par une manœuvre analogue, il les rapportait toutes à la même place. Bien que la pile de serviettes ne fût plus dans la position parfaite dans laquelle l'avait laissée la femme de chambre, elle restait pourtant dans un ordre honorable. Par bonheur, personne de la famille n'avait assisté à cette longue manœuvre.

Que de fois les petits enfants voient arriver un adulte qui leur crie : « Arrête ! arrête ! Laisse cela tranquille ! » Que de fois ces vénérables petites mains sont battues pour apprendre à ne toucher à rien ! Un autre travail fascinant pour les enfants est d'enlever et de remettre le bouchon d'une bouteille ; surtout s'il est en cristal taillé, parce qu'alors, il a des couleurs irisées ; ou bien de soulever et de rabattre le couvercle d'un encrier ou d'une boîte ; ou bien encore d'ouvrir et de fermer la porte d'une armoire. On conçoit que la guerre éclate au sujet de ces objets convoités par les enfants, mais éminemment « tabou ». La réaction « capricieuse » surgit alors. Mais ce n'est ni ce flacon ni cet encrier que voudrait s'approprier l'enfant. Il se satisferait parfaitement d'objets faits pour lui et qui lui permettraient d'exercer les mêmes mouvements.

Ces gestes et d'autres du même genre semblent n'avoir

aucun but logique ; mais ils peuvent être considérés comme le premier balbutiement de l'homme travailleur. C'est à cette période de préparation que sont destinés quelques-uns des objets de notre matériel, tels que les encadrements solides, qui ont obtenu un succès universel.

On admet facilement qu'il faut laisser agir l'enfant, mais la pratique rencontre des obstacles complexes et profondément enracinés. Tout en voulant laisser à l'enfant la liberté de toucher et d'épousseter les objets, l'adulte ne peut résister à ses propres impulsions qui aboutissent à de la domination.

Une jeune Américaine essayait de mettre ces idées en pratique pour élever son enfant de deux ans et demi. Elle le vit un jour qui transportait — sans raison — un broc plein d'eau de sa chambre dans le salon. Elle l'observa : il était tendu par l'effort et se répétait continuellement à lui-même : (« be carefull » ! (fais attention !) Le broc était lourd et, au bout d'un instant, la maman ne put résister au désir d'aider le petit ; lui prenant le broc des mains, elle déposa celui-ci à l'endroit où l'enfant allait l'apporter. Vexé, il se mit à pleurer. Et la maman, désolée d'avoir peiné son enfant, se justifia auprès de lui en disant qu'elle connaissait, elle aussi, la nécessité qui le poussait ; elle avait seulement voulu exécuter rapidement ce qui lui causait une telle fatigue et lui faisait perdre tant de temps.

« Je me rends compte que j'ai fait une faute », me dit cette dame, en me demandant anxieusement conseil, comme s'il s'agissait d'une maladie dont elle n'arrivait pas à se guérir.

J'eus recours à l'autre aspect de la question, à ce sentiment de défense des objets, qui se pourrait appeler « l'avarice envers l'enfant ». Et je lui dis : « Avez-vous un service de porcelaine fine, des tasses de valeur ? Faites transporter un de ces objets légers à votre enfant et observez ce qui se passe. » La dame suivit mon conseil et me raconta par la suite que son enfant avait transporté soigneusement ces petites tasses, s'arrêtant à chaque pas, et les laissant sauves à destination. La maman était partagée entre la joie de voir travailler son petit garçon et le souci qu'elle avait de ses tasses. Mais elle laissa faire l'enfant. Celui-ci put accomplir ce travail qui le passionnait et auquel était liée sa santé psychique.

Un autre jour, je mis un essuie-meubles entre les mains d'une enfant d'un an et demi et ce fut pour elle la source d'un travail charmant. Tout en restant assise, elle époussetait tous les objets brillants. Mais il y avait chez sa mère une espèce « d'obstacle » qui ne la laissait pas confier à son enfant un objet si contraire aux principes de l'hygiène.

La première manifestation de l'instinct de travail chez l'enfant est le phénomène le plus bouleversant pour l'adulte qui a saisi son importance. Celui-ci comprend qu'une immense renonciation s'impose à lui ; qu'il s'agit d'une véritable mortification de sa personnalité, d'une transformation de son ambiance. Or tout cela est incompatible avec son activité sociale. L'enfant n'a pas sa place dans notre société. Mais lui en interdire l'accès, sans plus, comme on le fait aujourd'hui, équivaut à réprimer sa croissance, à le condamner au mutisme.

La solution de ce conflit se trouve dans la préparation du milieu. Il faut savoir accueillir les manifestations supérieures de l'enfant. Quand il prononce son premier mot, il n'est pas nécessaire de rien préparer pour lui et son balbutiement entre dans la maison comme un bruit dont on est heureux. Mais le travail de sa petite main, cet autre balbutiement, réclame des « motifs d'activité » sous forme d'objets qui y correspondent. On voit alors de petits enfants accomplir des actions qui réclament un effort impressionnant, un effort que l'on croirait impossible matériellement. En écrivant cela, j'ai sous les yeux la photographie d'une toute petite Anglaise qui transporte un de ces pains en forme de prisme, comme on en voit couramment en Angleterre, si grand que les deux bras de la petite fille ne suffisent pas à le soutenir et que, l'appuyant contre son corps, elle est forcée de s'arc-bouter en arrière et ne peut voir où poser ses pieds. On perçoit, sur la photographie, l'émotion du chien qui l'accompagne sans la perdre de vue, tendu, prêt à s'élancer pour l'aider. Plus loin, on voit des adultes faire effort pour ne pas courir à l'enfant et lui prendre le pain des bras.

Il arrive à de tout petits enfants de déployer une habileté, une exactitude si précoces que nous en restons tout surpris.

Le rythme

L'adulte qui n'a pas encore considéré l'activité de la main enfantine comme un besoin vital, et qui n'y reconnaît pas la première manifestation d'un instinct de travail, empêche l'enfant de travailler. Cet obstacle ne vient pas forcément d'une défense de l'adulte ; il peut exister d'autres causes. L'adulte envisage le but extérieur de ses actes ; il a réglé sa vie par une sorte de constitution mentale : il s'agit pour lui d'atteindre au but par l'action la plus directe, c'est-à-dire dans le minimum de temps possible. En voyant les efforts de l'enfant pour exécuter une action souvent inutile ou futile et que l'adulte pourrait accomplir en un instant et avec bien plus de perfection, il est tenté de l'aider, interrompant ainsi un travail qui le gêne.

L'enfant ne pourra donc venir à bout de son travail qu'en l'absence de l'adulte, alors que celui-ci ne s'apercevra pas de son effort.

Si l'enfant essaye de se coiffer, l'adulte sent sa constitution attaquée ; au lieu d'être saisi d'admiration devant cette tentative, il voit seulement que l'enfant ne se peigne ni bien ni vite, et n'atteindra jamais son but. Alors l'enfant, qui est en train d'accomplir avec délices cet acte constructeur de sa propre personnalité, voit l'adulte, cet être haut comme le plafond, puissant au-delà de toutes limites, contre qui on ne peut lutter, venir à lui, lui enlever le peigne des mains, lui disant qu'il va le coiffer lui-même. Et il en est de même quand le petit enfant va se donner du mal pour s'habiller ou pour lacer ses souliers. Chaque tentative est brisée. L'adulte est irrité, non seulement parce que l'enfant essaye en vain d'accomplir un geste, mais il est irrité par son rythme, par sa façon de se mouvoir, différente de la sienne.

Or le rythme n'est pas comme une opinion que l'on abandonne quand elle est surannée ou que l'on adopte quand elle est nouvelle : le rythme fait partie intégrale de l'individu ; c'est un caractère qui lui est propre, au même titre que la forme de son corps. Si le rythme est en harmonie avec le corps, l'individu ne peut en changer sans souffrance.

Quand nous voyons un paralytique porter lentement un verre à sa bouche en risquant d'en renverser le contenu, il naît du heurt insupportable de ce rythme avec le nôtre une souffrance à laquelle nous essayons d'échapper, en substituant notre rythme au sien ; c'est ce que nous appelons « aider le paralytique ».

Quelque chose d'analogue se passe entre l'enfant et nous : une défense inconsciente nous incite à empêcher ces mouvements lents de l'enfant, exactement comme nous chassons une mouche inoffensive.

L'adulte peut supporter le mouvement qui représente la souplesse, le rythme accéléré de l'enfant. Il peut « s'armer de patience », parce qu'il s'agit de choses claires et extérieures ; et la volonté de l'adulte est toujours capable d'agir sur les actes conscients. Mais quand le rythme de l'enfant est lent, il y substitue le sien. Au lieu de l'aider dans ses besoins psychiques les plus essentiels, l'adulte se substitue à l'enfant dans toutes les actions que celui-ci voudrait accomplir lui-même, lui fermant toute possibilité d'activité, devenant l'obstacle le plus puissant au développement de sa vie. Les plaintes désespérées de l'enfant dit « capricieux », qui ne veut pas se laisser laver, coiffer, ni habiller, sont les explosions d'un premier drame. Cette aide inutile apportée à l'enfant est la première racine de toutes les répressions et, par cela même, des dommages les plus dangereux que l'adulte puisse lui apporter.

Les Japonais ont une conception curieuse de l'enfer pour l'enfant. Leur culte des morts consiste à déposer des petits jouets sur la tombe des enfants, afin d'aider ceux-ci à se délivrer, dans l'au-delà, des tourments que les démons essayent continuellement de leur infliger : quand l'enfant est en train de faire une construction, un démon arrive, qui se jette sur lui et démolit son travail. Les petits jouets, déposés par les parents pieux, permettent aux enfants de recommencer leurs constructions.

C'est un des exemples les plus impressionnants d'interprétation de la vie future par le subconscient.

La substitution de la personnalité

La substitution de l'adulte à l'enfant ne consiste pas seulement à agir à la place de celui-ci ; elle peut être l'infiltration de la volonté puissante dans celle de l'enfant ; ce n'est plus, dans ce cas, l'enfant qui agit, mais l'adulte qui agit en l'enfant.

Quand Charcot a démontré la substitution de la personnalité chez les hystériques au moyen de la suggestion, il a produit une impression profonde. Ses expériences ébranlaient des concepts fondamentaux, qu'on croyait immuables : à savoir que l'homme était le maître de ses propres actions. Or on a démontré expérimentalement qu'un sujet pouvait être suggestionné au point de supprimer sa propre personnalité en y substituant celle de celui qui suggestionne.

De tels phénomènes, bien que réservés à la clinique et à des expériences limitées, ouvrent toutefois une voie nouvelle aux recherches et aux découvertes.

Les études sur le dédoublement de la personnalité, sur le subconscient et sur les états psychiques sublimés trouvent leurs origines dans ces phénomènes, ainsi que l'approfondissement des recherches sur le subconscient, dû à la psychanalyse.

Une période de l'existence où l'individu est prédisposé à la suggestion, est précisément cette période de l'enfance où la conscience est en voie de formation et où la sensibilité envers les éléments extérieurs en est à un stade de création. L'adulte peut alors s'insinuer, s'infiltrer subtilement, animant de sa propre volonté cette sublime propriété qu'est la volonté de l'enfant.

Il arrive dans nos écoles que si montrant aux enfants comment accomplir un exercice, on y mette trop de passion et que l'on exécute les mouvements avec une énergie, une exactitude excessives, on éteigne chez eux à la fois la faculté de juger et d'agir selon leur propre personnalité. On dirait qu'un mouvement se détache du MOI enfantin qui devait le commander, et qu'il est saisi par un autre MOI, étranger et plus fort. Ce MOI étranger a eu le pouvoir de saisir — je dirais presque de dérober — ses jeunes organes à la personnalité enfantine. Ce n'est pas volontairement que l'adulte suggestionne, en général. C'est sans le vouloir, sans le savoir, sans seulement s'être mis en face du problème.

Je vis un jour un enfant de deux ans environ qui mettait une paire de souliers usagés sur la couverture blanche d'un lit. Je pris les souliers, les mis brusquement par terre, dans un coin, en disant : « c'est sale ! » Et puis, de la main, je fis le geste de nettoyer l'endroit de la couverture où avaient été posés les souliers. A la suite de cet incident, chaque fois qu'il voyait une paire de souliers, le petit courait les prendre en disant : « C'est sale ! » Il les déplaçait, et puis allait passer sa main sur un lit, comme pour en enlever la saleté, bien qu'il n'y eût eu aucun contact avec les souliers.

Les actes défendus sont particulièrement ouverts à l'infiltration d'une volonté étrangère, quand celle-ci n'agit pas assez violemment pour provoquer une réaction. Cela se

ÉCOLE montessori

produit tout particulièrement par la voie des nurses raffinées. Je citerai le cas assez éloquent d'une enfant de quatre ans environ, qui habitait chez sa grand-mère, seule avec elle. Un jour, l'enfant manifesta le désir d'ouvrir, dans le jardin, le robinet d'un bassin, pour voir le jet d'eau ; mais, au moment d'exécuter le geste, elle retira sa main. La grand-mère l'encourageait, mais la fillette lui répondait : « Non, nurse ne veut pas. »

Alors, la grand-mère essaya de persuader l'enfant, lui donnant son plein consentement, lui faisant observer qu'elle était chez elle. L'enfant souriait de plaisir à l'idée de voir le jet d'eau ; mais, bien qu'elle étendît son bras tout près du robinet, elle le retira sans l'ouvrir. L'obéissance au commandement lointain de la nurse absente était si puissante que l'affectueuse persuasion qui s'exerçait à côté d'elle ne pouvait plus rien contre cette force lointaine.

Une enfant plus grande — sept ans environ — s'élançait, alors qu'elle était assise, vers un point qui l'attirait, au loin ; mais il lui fallait rétrograder et se rasseoir, mue comme par une oscillation invincible de sa volonté. Qui était le « maître » qui commandait en elle ? On ne le connaissait pas ; il était relégué au-delà de la mémoire de l'enfant.

*
* *

On peut dire que la facilité de l'enfant à être suggestionné est l'exagération d'une de ses fonctions constructrices. C'est cette sensibilité intérieure très particulière que nous avons appelée « l'amour de l'ambiance ». L'enfant, qui observe les choses avec passion, est attiré par elles. Mais ce sont surtout les actes des adultes qui l'attirent ; il veut les connaître et les reproduire. Et c'est là que l'adulte doit trouver sa mission ; il faut qu'il soit l'inspirateur des actes enfantins : un livre ouvert dans lequel l'enfant peut découvrir le guide de ses propres mouvements et apprendre ce qui lui est nécessaire pour bien faire.

Pour réaliser cet idéal, il faudrait que l'adulte fût toujours calme, agît lentement, afin que son action fût intelligible dans tous ses détails à l'enfant qui l'observe. Mais si l'adulte s'abandonne à ses rytmes rapides et puissants, au lieu d'inspirer l'enfant, il risque de s'insinuer dans l'âme de cet enfant et de se substituer à lui par suggestion.

Les objets eux-mêmes, sensoriellement attrayants, peuvent avoir une puissance de suggestion, en réclamant l'activité de l'enfant, en commandant de l'extérieur. Je citerai, à ce propos, une expérience du professeur Levine, illustrée par son cinéma psychologique. Son but était de connaître le comportement différent des enfants déficients et des enfants normaux de nos écoles, dans des conditions et à des âges équivalents, devant les mêmes objets : une longue table présente des objets variés, parmi lesquels quelques-uns de notre matériel. Un groupe d'enfants entre d'abord ; attirés par la table, ils se montrent intéressés ; ils sont vifs, souriants et semblent contents de se trouver au milieu de tant de choses. Chacun d'eux prend un objet et travaille ; puis en prend un autre, et ainsi de suite, faisant une quantité d'expériences. C'est le premier film.

Vient un deuxième film. Un autre groupe d'enfants entre. Ils se meuvent lentement, s'arrêtent, regardent ; ils prennent un objet, l'examinent longtemps, et puis semblent rester inertes. C'est la fin de ce deuxième film.

Lequel des deux groupes est composé d'enfants déficients, et lequel d'enfants normaux ? Les déficients sont les enfants vifs, joyeux, qui remuent beaucoup, passant d'une chose à l'autre, voulant tout expérimenter. Ce sont eux qui donnent au public l'impression d'être les enfants intelligents, parce que tout le monde est habitué à considérer comme intelligents les enfants vifs, gais et qui passent d'une chose à l'autre.

On voit, au contraire, se mouvoir les enfants normaux de façon calme ; ils restent tranquilles et se fixent sur un objet, comme s'ils réfléchissaient. Le calme, le mouvement rare et mesuré, l'attitude pensive, voilà l'image de l'enfant normal.

L'expérience reproduite par les deux films contraste avec les conceptions que l'on a en général, parce que, dans l'ambiance courante, les enfants intelligents agissent comme les déficients du film. L'enfant normal, lent et réfléchi, est un type nouveau ; mais il démontre que son MOI contrôle ses mouvements et que sa raison les conduit. Ce n'est donc pas de beaucoup remuer, qui est important, mais de se posséder soi-même. L'important n'est pas que l'individu se meuve n'importe comment et n'importe où ; c'est qu'il ait réussi à conquérir son organe moteur. La possibilité de se mouvoir sous l'influence de sa raison, et non par la pure attraction des choses, amène une concentration qui est un phénomène d'origine intérieure.

Ce mouvement délicat et sensible est le seul qui soit normal : c'est l'aspect synthétique d'un ordre qui peut s'appeler la discipline intérieure. La discipline des actes extérieurs est alors l'expression d'une discipline intérieure, organisée avec ordre.

Quand cela ne se produit pas, le mouvement échappe à la direction de la personnalité ; il peut être accaparé par la volonté d'autrui ou rester en proie aux choses extérieures : une barque a la dérive.

La volonté extérieure discipline rarement les actes, parce

que l'organisation intérieure manque. L'individualité est brisée. On pourrait presque comparer l'enfant, contrarié dans son développement naturel, à un homme qui, ayant atterri dans le désert avec un ballon, le verrait emporté par le vent : plus de direction possible et rien alentour à y substituer.

Et voilà l'image de l'homme, tel que le forme réellement la lutte entre l'adulte et l'enfant : une intelligence obscurcie, qui ne s'est pas développée et dont les moyens d'expression déréglés sont la proie des éléments.

II

Les voies nouvelles de l'éducation

Il nous faut nous rendre compte que les premières manifestations de la vie psychique de l'enfant sont si délicates qu'elles passent inaperçues et que l'adulte peut, en en brisant inconsciemment les élans, les rendre prisonnières des obstacles créés par lui.

L'ambiance de l'adulte n'est pas faite pour l'enfant ; elle est composée d'obstacles au travers desquels celui-ci développe des défenses, des déformations, et dans laquelle il est victime de suggestions. Comme c'est sur l'apparence extérieure de l'enfant que sa psychologie a été étudiée et qu'ont été jugés ses caractères, cette science est à reviser radicalement. Nous avons constaté que, sous chacune des réponses qui nous surprennent chez lui, se trouve une énigme à déchiffrer ; chacun de ses caprices est dû à une cause profonde ; on ne peut plus les interpréter comme un heurt superficiel ; c'est l'explosion d'un caractère supérieur, essentiel, qui cherche à se manifester.

Il est évident que tous ces camouflages masquent l'âme véritable de l'enfant, cachée derrière les efforts qu'il soutient pour réaliser sa vie ; ses caprices, ses luttes, ses déformations ne peuvent donner l'idée d'une personnalité. Ils ne représentent qu'une somme de caractères. Il doit pourtant exister une personnalité ; cet embryon spirituel qu'est l'enfant se développe suivant un plan. Un homme est caché, un enfant inconnu, un être vivant sequestré, qu'il faut libérer.

C'est le devoir le plus urgent de l'éducation ; et, dans ce sens, libérer, c'est connaître ; il s'agit donc de découvrir l'inconnu.

La différence essentielle entre les recherches psycho-analytiques et cette psychologie de l'enfant ignoré, consiste tout d'abord en ceci que le secret, dans le subconscient de l'adulte, reste emprisonné dans l'individu même. Il faut s'adresser à celui-ci pour l'aider à débrouiller un écheveau que des adaptations complexes, organisées au cours d'une longue existence, ont emmêlé. Le secret de l'enfant est, au contraire, à peine caché. C'est sur l'ambiance qu'il faut agir pour libérer ses manifestations ; l'enfant se trouve dans une période de création ; il suffit d'ouvrir la porte. Puisqu'il s'agit d'une énergie expansive, il n'y a aucune difficulté pour elle à s'extérioriser. En préparant un milieu adapté au développement vital, la manifestation psychique naturelle doit se produire spontanément, amenant la révélation du secret de l'enfant.

Si elle ne tient pas compte de ce principe, l'éducation ne peut que s'engager dans un labyrinthe sans issue.

*
* *

La véritable éducation nouvelle consiste à aller tout d'abord à la découverte de l'enfant et à réaliser sa libération. C'est le problème de l'existence : il faut exister d'abord.

Vient ensuite le problème de l'aide à apporter à l'enfant,

et qui doit durer aussi longtemps que l'évolution de celui-ci.

Ces deux problèmes ont une base commune : l'ambiance, qui doit réduire les obstacles au minimum. C'est elle qui offre les moyens nécessaires au développement des activités.

L'adulte en fait partie, lui aussi ; il faut donc qu'il s'adapte : il faut, d'une part, qu'il ne soit pas un obstacle pour l'enfant ; d'autre part, qu'il ne se substitue pas à lui dans les différentes activités que celui-ci aura à satisfaire avant d'atteindre à la maturité.

Notre méthode d'éducation est caractérisée précisément par l'importance qu'elle attribue à *l'ambiance.*

La *figure du maître* a été une des innovations qui ont suscité le plus d'intérêt et le plus de discussions : de ce maître passif, qui fait tomber devant l'enfant l'obstacle de sa propre activité, de sa propre autorité, qui se satisfait de le voir agir et progresser tout seul, sans s'en attribuer le mérite.

Une autre caractéristique essentielle de notre méthode est le *respect de la personnalité de l'enfant*, à un degré encore jamais atteint.

Des institutions particulières, qui s'appelèrent « Maisons des Enfants », se sont créées sur ces trois principes essentiels.

Ceux qui ont suivi ce mouvement d'éducation savent combien il a été, combien il est encore discuté. Ce qui a le plus surpris, c'est ce renversement entre l'adulte et l'enfant : le maître sans chaire, sans autorité, presque sans enseignement ; et l'enfant devenu le centre de l'activité, qui apprend tout seul, libre dans le choix de ses occupations et de ses mouvements. Quand on n'a pas parlé d'utopie, on a parlé d'exagération.

Par contre, l'autre concept, celui de l'ambiance matérielle adaptée aux proportions du corps enfantin, fut accueilli avec bienveillance. Ces pièces claires, lumineuses, aux croisées basses et fleuries, aux meubles petits, de toutes les formes, comme dans l'ameublement d'une maison moderne ; ces petits fauteuils et ces petites tables, ces tentures jolies, ces commodes basses à portée de la main de l'enfant qui y dépose les objets et prend dessus ce qu'il désire, tout cela a semblé une amélioration pratiquement importante dans la vie de l'enfant. Et je crois bien que beaucoup de « Maisons des Enfants » conservent ce critère extérieur comme élément principal.

Aujourd'hui, après de longues recherches et de nombreuses expériences, nous avons le sentiment qu'il est nécessaire de parler de cette méthode et, surtout, d'en faire connaître les origines.

Ce serait une erreur de croire que l'idée d'admettre chez l'enfant une nature occulte ait donné naissance à une méthode d'éducation spéciale, puis à des écoles adaptées à cette méthode. Il n'est possible d'observer que ce que l'on connaît. Il est impossible d'attribuer, sur une simple intuition, deux natures à l'enfant, et d'essayer ensuite de les démontrer par expérience. L'inconnu doit surgir par sa propre énergie ; il n'y a pas plus incrédule que celui devant lequel il se présente. Et il faut que cet inconnu se présente avec ténacité, avant qu'il soit enfin reconnu et accueilli.

Mais avec quel enthousiasme, l'individu que vient de frapper la lumière nouvelle la retient, en est ravi, y consacre sa vie ! C'est cet enthousiasme qui fait croire que celui qui en a été frappé l'a créée lui-même. Le plus difficile pour nous est de nous apercevoir, puis de nous persuader de la réalité d'une découverte. C'est précisément devant ce qui est nouveau que se ferment les portes de notre perception. Le champ de l'esprit est comme un salon distingué, interdit aux nouveau-venus ; pour y pénétrer, il faut être présenté par un habitué. Il faut que l'inconnu enfonce la porte fermée ou entre en sourdine. Alors, cet inconnu produit une surprise, un bouleversement dans le cénacle.

Quand Volta s'est aperçu que la fameuse araignée morte s'agitait, ce n'est pas sans émotion, ni du premier coup, qu'il fut persuadé de l'authenticité du phénomène. Il le retint pourtant, et l'électricité en naquit. Il suffit quelquefois d'un fait insignifiant pour ouvrir des horizons illimités ; l'homme est, par nature, un chercheur ; mais si ces faits insignifiants ne sont pas découverts, l'avance n'est pas possible.

En physique et en médecine, il faut acquérir de sérieuses certitudes sur un phénomène nouveau. Un phénomène nouveau, c'est la découverte initiale de faits inconnus, donc comme inexistants. Un fait en soi est toujours objectif ; il ne dépend pas d'une intuition. Pour démontrer l'existence d'un fait nouveau, il faut tout d'abord prouver que celui-ci existe en soi ; il faut donc l'isoler. Vient ensuite un second temps, celui dans lequel on étudie les conditions dans lesquelles se manifeste le phénomène, afin de chercher à le reproduire et à l'entretenir. Alors seulement, on peut l'étudier. La recherche doit être comme une antichambre ; c'est le moment de l'apparition. Ensuite, une autre forme d'étude est destinée à reproduire le phénomène, à le posséder, afin qu'il ne s'évapore pas comme une vision, mais se transforme en une réalité, en une propriété maniable, par conséquent, en une valeur réelle.

La première « Maison des Enfants » offre l'exemple d'une découverte amenée par des faits insignifiants, ayant ouvert des voies illimitées.

La préparation spirituelle du maître

Le maître qui croirait pouvoir se préparer à sa mission uniquement par l'acquisition de connaissances, se tromperait : il doit, avant tout, créer en lui certaines dispositions d'ordre moral.

Le point central de la question se rapporte à la façon dont on doit considérer l'enfant : point de vue qui ne peut être envisagé de l'extérieur seulement, comme s'il s'agissait d'une connaissance théorique sur la façon de l'instruire ou de le corriger.

Il nous faut insister sur la nécessité pour le maître de se préparer intérieurement ; en s'étudiant lui-même avec une constance méthodique, il faut qu'il arrive à supprimer chez lui ces défauts qui feraient obstacle au traitement de l'enfant. Et pour découvrir ces défauts, logés désormais dans la conscience, il lui faut une aide extérieure, une « instruction ». Il faut que quelqu'un nous indique ce que nous devons voir en nous.

C'est dans ce sens que nous dirons que le maître doit être « initié ». Il se préoccupe beaucoup trop des « tendances méchantes de l'enfant », de « la façon de corriger les actes indésirables », de « l'héritage du péché originel ».

Il devrait, au contraire, commencer par rechercher ses propres défauts, ses propres tendances au mal.

« Enlève d'abord la poutre que tu as dans l'œil, et tu sauras ensuite enlever la paille qui est dans l'œil de l'enfant. »

La préparation intérieure n'est pas une préparation générique. C'est tout autre chose que de « chercher sa propre perfection » comme l'entendent les religieux. Il n'est pas nécessaire, pour devenir des éducateurs, de devenir des êtres « parfaits, exempts de toute faiblesse ». Une personne qui cherche constamment à élever sa propre vie intérieure peut rester inconsciente des défauts qui l'empêchent de comprendre l'enfant. Il est donc nécessaire que l'on nous enseigne et que nous nous laissions « guider ». Il nous faut nous éduquer, si nous voulons éduquer.

L'instruction que nous apportons aux maîtres consiste à leur indiquer l'état d'âme qui convient à leur tâche, un peu comme le médecin indique le mal qui menace l'organisme.

Et voici une aide concrète :

« Le péché mortel qui se dresse en nous et nous empêche de comprendre l'enfant, c'est la colère. »

Et comme un péché ne se manifeste jamais seul, mais en entraîne d'autres, à la colère s'associe un nouveau péché d'apparence noble, mais qui n'en est que plus diabolique : l'orgueil.

Nos mauvaises tendances peuvent se corriger de deux façons : l'une, intérieure, et qui consiste dans la lutte de l'individu contre ses propres défauts clairement compris. L'autre a un caractère extérieur. C'est la résistance extérieure aux manifestations de nos mauvaises tendances. La réaction des formes extérieures est très importante. C'est le moyen qui révèle la présence des défauts moraux, le générateur de la réflexion. L'opinion du prochain vainc l'orgueil de l'individu ; les circonstances de la vie, l'avarice ; la réaction du fort, la colère ; la nécessité de travailler pour vivre, la paresse ; les conventions sociales, la luxure ; la difficulté d'obtenir le superflu, la prodigalité ; la nécessité de paraître digne, l'envie. Ces circonstances extérieures ne cessent d'être un avertissement continuel et salutaire. Les confrontations sociales servent au maintien de notre équilibre moral.

Nous ne cédons toutefois pas aux résistances sociales avec la même pureté que nous obéissons à Dieu. Si notre âme s'assujettit docilement à la nécessité de corriger de bonne volonté les erreurs que nous avons reconnues, elle accepte moins facilement le contrôle humiliant des autres. Nous nous sentons plus humiliés de devoir céder, que d'avoir commis une erreur. Quand il est nécessaire de freiner, une défense de notre dignité mondaine nous pousse à faire apparaître que nous avons choisi nous-mêmes l'inévitable. La petite simulation qui consiste à dire « je n'aime pas cela » des choses qu'on ne peut avoir est une habitude des plus répandues. Nous opposons cette petite simulation à la résistance et nous entrons ainsi dans la lutte, au lieu d'entrer dans une voie de perfection. Et comme, en toute lutte, l'homme sent vite le besoin de s'organiser, la cause individuelle se fortifie en une lutte collective. Ceux qui ont le même défaut tentent instinctivement de le protéger en cherchant la force dans l'union.

Nous masquons nos torts sous l'affirmation de devoirs hauts et essentiels ; c'est ainsi que, en temps de guerre, les engins de mort se dissimulent sous l'aspect de champs paisibles. Et plus faibles sont les forces extérieures qui réagissent contre nos défauts, plus commodément nous construisons nos camouflages défensifs.

Quand chacun de nous est attaqué dans ses propres défauts, nous voyons combien le mal est habile à s'insinuer pour se cacher à nous-mêmes. Ce n'est plus notre vie que nous défendons, mais nos torts, prompts à mettre le masque que nous avons appelé « nécessité », « devoir », « bien commun », etc... Et, peu à peu, nous nous convainquons de la vérité de ce que notre conscience savait être auparavant faux, et dont il est chaque jour plus difficile de se défaire.

Le maître et, en général, celui qui veut éduquer l'enfant, doit se « purger » de cet état d'erreur qui fausse sa position en face de lui. Le défaut fondamental, fait d'orgueil et de colère, doit se présenter à la conscience du maître dans sa vérité nue. La colère est en vérité le principal défaut, auquel l'orgueil offre le masque attrayant, la robe de dignité qui peut même réclamer le respect.

Mais la colère est un des péchés qui se heurtent le plus facilement à la résistance du prochain. Aussi doit-on la comprimer, et l'homme qui subit l'humiliation de la garder cachée finit par avoir honte d'elle.

C'est un véritable soulagement pour nous que de nous trouver devant des êtres incapables de se défendre, incapables de nous comprendre, comme les enfants, qui croient tout ce que nous leur disons. Non seulement ils oublient les offenses, mais ils se sentent coupables de tout ce dont nous les accusons.

Il est bon que l'éducateur réfléchisse à fond sur les effets que détermine une telle situation dans la vie de l'enfant. Chez celui-ci, la raison seule n'a pas compris l'injustice ; mais tout son esprit la ressent, en est opprimé et comme déformé. Les réactions enfantines — timidité, mensonge, caprices, pleurs sans cause apparente, insomnie, peur excessive — représentent l'état inconscient de défense de l'enfant, dont l'intelligence n'arrive pas à déterminer la véritable raison dans ses rapports avec l'adulte.

La colère ne signifie pas la violence matérielle. De la rude impulsion primitive sont dérivées d'autres formes sous lesquelles l'homme psychologiquement raffiné masque et complique son état.

Dans sa forme la plus simple, la colère est une réaction à la résistance ouverte de l'enfant. Mais devant les obscures expressions de l'âme enfantine, la colère et l'orgueil s'interpénètrent pour former un état complexe, assumant cette forme précise, tranquille et respectable qui s'appelle la tyrannie.

La tyrannie est au-dessus de toute discussion ; elle place l'individu dans la forteresse inexpugnable de l'autorité reconnue. L'adulte domine l'enfant en vertu du droit naturel qu'il tient simplement du fait d'être adulte. Mettre ce droit en discussion équivaudrait à attaquer une forme établie et sacrée de souveraineté. Si, dans la communauté primitive, le tyran est le mandataire de Dieu, pour l'enfant, l'adulte est Dieu lui-même. Là-dessus, aucune discussion. Celui qui pourrait manquer à l'obéissance — l'enfant — n'a qu'à se taire. Il s'adapte à n'importe quoi, il croit n'importe quoi, et puis il oublie.

S'il lui arrive de manifester une défense, ce sera difficilement une riposte directe et intentionnelle à l'action de l'adulte. Ce sera plutôt une défense vitale de son intégrité psychique, ou une réaction inconsciente de son esprit opprimé.

Il n'y a qu'en grandissant qu'il apprendra à diriger sa réaction directement contre le tyran ; mais alors, l'adulte saura le vaincre dans un règlement de comptes avec des justifications encore plus complexes et tortueuses, en convainquant l'enfant que cette tyrannie est exercée pour son bien.

D'un côté, le respect ; de l'autre, le droit légitime à « l'offense » ; l'adulte a le droit de juger et de l'offenser, et il le fait sans égard pour sa sensibilité. L'adulte peut diriger ou supprimer à sa convenance les exigences de l'enfant. Les protestations de celui-ci seront considérées comme de l'insubordination, attitude dangereuse si on la tolère.

Voilà un modèle de gouvernement primitif dans lequel le sujet paye son tribut sans souffler mot. Il y eut des peuples qui croyaient que tout ce dont ils jouissaient était un don du souverain ; ainsi va le peuple des enfants qui croit tout devoir aux adultes. N'est-ce pas plutôt l'adulte qui le croit ? Il s'est désormais forgé le masque du créateur. Il croit, dans son orgueil, créer tout ce qui existe chez l'enfant. C'est lui qui le rend intelligent, bon et pieux ; qui lui confère les moyens d'entrer en relation avec son ambiance, avec les hommes, avec Dieu. Dure tâche ! Pour rendre le tableau complet, il nie qu'il exerce la tyrannie. Y eut-il jamais tyran qui confessa sacrifier ses sujets ?

La préparation que notre méthode exige du maître est l'examen de lui-même, le renoncement à la tyrannie. Il doit chasser de son cœur la vieille croûte de colère et d'orgueil ; s'humilier, se revêtir de charité : voilà les dispositions d'âme qu'il doit acquérir ; voilà le socle de la balance, le point d'appui indispensable à son équilibre. C'est en cela que réside la préparation intérieure : le point de départ et le point d'arrivée.

Cela ne veut pas dire qu'il doive approuver tous les actes de l'enfant, ni s'abstenir de juger celui-ci, ou qu'il ne doive rien faire pour développer son intelligence et ses sentiments ; bien au contraire ; il ne doit pas oublier que son devoir est d'« éduquer », d'être positivement le maître de l'enfant.

Il faut qu'il y ait un acte d'humilité : la suppression d'un préjudice qui a fait son nid dans nos cœurs. Il le faut.

Ce qu'il nous faut supprimer, ce n'est pas l'aide apportée par l'éducation : c'est notre état intérieur, notre attitude d'adulte, qui nous empêche de comprendre l'enfant.

Les origines de notre méthode

Le 6 janvier 1906, on inaugura une école pour petits enfants normaux de 3 a 6 ans, je ne puis dire avec ma méthode, car celle-ci n'existait pas encore, mais elle devait y naître peu de temps après.

Il n'y avait là qu'une cinquantaine de petits enfants très pauvres et timides ; plusieurs d'entre eux pleuraient. Presque tous étaient enfants d'illettrés.

Le projet initial était de réunir les enfants des locataires d'une maison populaire, pour les empêcher d'errer dans l'escalier, de dégrader les murs et de semer le désordre. C'est à cet effet que, dans la maison même, une salle fut ouverte pour eux. Je fus appelée à prendre soin de cette institution « qui pouvait avoir un bel avenir »... Je sentais confusément qu'une œuvre de grande envergure allait naître.

Je croyais être comme une paysanne qui avait mis de côté la bonne semence, et à qui on était venu offrir une terre féconde où la semer librement. Mais il n'en fut pas ainsi : à peine avais-je remué les mottes de cette terre, que je trouvai de l'or à la place du grain. Les mottes cachaient un trésor précieux. Je n'étais pas la paysanne que je croyais être.

En fait, mon action sur les enfants normaux m'apporta une série de surprises. Il est bien certain que des moyens, qui avaient réussi auprès d'enfants déficients, devaient constituer une véritable clef pour faire éclore le développement d'enfants normaux ; tout ce qui avait remporté un succès dans le traitement d'esprits faibles, dans le redressement d'intelligences fausses, contenait les principes d'hygiène intellectuelle capables d'aider les esprits normaux à croître forts et droits. Tout cela n'a rien d'étonnant, et la théorie sur l'éducation qui en est issue est ce qu'il y a de plus positif et de plus scientifique pour persuader les esprits équilibrés et prudents. Mais il faut avouer que les premiers résultats me jetèrent dans le plus grand étonnement et, souvent, me trouvèrent incrédule.

Ces objets, que je présentais aux enfants normaux, n'avaient pas du tout le même effet que celui qu'ils avaient eu sur les déficients : tandis que ces derniers étaient tout de suite séduits par les objets, il me fallait toute ma force de persuasion pour inviter les enfants normaux à s'en occuper. L'enfant normal était attiré par un objet, fixait sur lui toute son attention et se mettait à travailler, à travailler sans répit, avec une concentration étonnante. Il semblait, ensuite, satisfait, reposé et heureux. C'est une impression de repos qui émanait de ces petits visages sereins, de ces yeux d'enfants brillants de contentement, après qu'ils avaient accompli un travail spontané. Les objets du matériel étaient comme la clef d'une pendule : quand on a remonté celle-ci un instant, elle continue à marcher toute seule. L'enfant était plus fort, plus sain d'esprit après avoir travaillé. Il me fallut longtemps pour me convaincre que je ne me faisais pas une illusion. Je restai longtemps incrédule, en même temps que saisie, émue et tremblante.

*
* *

C'est ainsi que le hasard me les fit rencontrer. C'étaient des enfants plaintifs, peureux, si timides que l'on n'arrivait pas à les faire parler. Leurs figures étaient sans expression, leurs yeux égarés. En fait, c'étaient de pauvres enfants abandonnés, grandis dans des maisons délabrées et sombres, sans soins, sans stimulants. Ils étaient visiblement sous-alimentés. Ils avaient un besoin urgent de nourriture, d'air et de soleil. C'étaient de vraies fleurs étiolées, moins la fraîcheur des boutons ; des âmes cachées dans des enveloppes hermétiques.

Quelles furent donc les conditions qui permirent l'apparition d'enfants nouveaux, dont l'âme se manifesta avec une splendeur telle, qu'elle dispensa sa lumière dans le monde entier ?

Ce devaient être des conditions singulièrement favorables, pour qu'elles aient pu réaliser la « libération de l'âme de l'enfant » ! Il faut que tous les obstacles répressifs aient été supprimés ! Mais qui aurait jamais pu soupçonner ce qu'étaient ces obstacles répressifs, quelles étaient les circonstances favorables, nécessaires pour estérioriser une âme ensevelie ? Bien des conditions, qui étaient les nôtres, eussent semblé contraires à un but aussi élevé.

Ces enfants appartenaient aux classes sociales les plus basses ; les parents n'étaient pas de véritables ouvriers, mais des gens qui cherchaient, au jour le jour, une occupation passagère et qui, par conséquent, ne pouvaient s'occuper de leurs enfants. La plupart d'entre eux étaient illettrés.

Il n'était pas possible de trouver une véritable maîtresse pour un pareil poste. On s'adressa donc à une personne qui, ayant fait, jadis, quelques études pour entrer dans l'enseignement, travaillait actuellement comme ouvrière.

Elle n'avait, par conséquent, aucune ambition en tant que maîtresse, pas de préparation ni d'idées préconçues, ce que l'on aurait fatalement trouvé chez une enseignante de profession. Les conditions très spéciales dans lesquelles nous nous trouvions venaient de ce que nous n'étions pas véritablement « œuvre sociale »). Les enfants n'étaient recueillis que pour préserver la maison des dégradations qu'ils eussent pu lui faire subir. Il ne fallait donc point que le bâtiment eût besoin de réfections fréquentes. Les seules dépenses possibles étaient les dépenses ordinaires d'un bureau. La Maison des Enfants n'était pas une véritable école, mais une espèce de machine à mesurer mise à zéro.

C'est ainsi que, n'ayant pas les moyens de créer l'ambiance avec des bancs d'école, une chaire ni aucun meuble en usage à l'ordinaire, on fabriqua un mobilier comme celui d'un bureau ou d'une maison bourgeoise. Je fis faire en même temps un matériel scientifique exact comme celui que j'avais employé dans l'institut de déficients ; à cause de cette première affectation, personne n'avait jamais pensé qu'on pût en faire un matériel scolaire.

Il ne faut pas s'imaginer que l'ambiance de la première Maison des Enfants fût aimable et gracieuse comme celle que l'on y rencontre aujourd'hui. Les meubles les plus importants étaient une table robuste pour la maîtresse, trônant à peu près comme une chaire, et une immense armoire haute et massive dans laquelle on pouvait ranger toute sorte d'objets ; ses portes solides étaient fermées à clef, et la clef restait entre les mains de la maîtresse. Les tables étaient construites dans un souci de solidité et de durée. Elles étaient assez longues pour que trois enfants pussent s'y asseoir à la file ; elles étaient placées les unes derrière les autres, à l'instar des bancs d'une école. Les seules innovations étaient les petits fauteuils et chaises individuels très simples. Les fleurs manquaient, qui sont devenues une des caractéristiques de nos écoles ; dans la cour, cultivée en jardin, il n'y avait que de petites pelouses et des arbres. Un tel ensemble ne pouvait me donner l'espoir de faire une expérience importante. Ce qui m'intéressait, pourtant, était de faire une éducation rationnelle des sens, pour éprouver les différences de réactions entre les enfants normaux et les déficients ; et, surtout, pour chercher une correspondance, que j'entrevoyais intéressante, entre les réactions d'enfants normaux plus jeunes et d'enfants déficients plus âgés.

Je n'imposai aucune réserve, aucune obligation à la maîtresse. Je lui appris seulement à se servir du matériel sensoriel, afin qu'elle pût le présenter aux enfants de façon exacte. Et cela lui parut facile et intéressant. Mais je n'empêchai pas ses propres initiatives.

Je m'aperçus, au bout de peu de temps, qu'elle s'était fabriqué elle-même d'autre matériel : c'étaient des croix dorées qui devaient servir à récompenser les enfants les plus sages. Je trouvai souvent, en effet, des enfants décorés de ces pendantifs inoffensifs. Elle avait aussi pris l'initiative d'apprendre à tous le salut militaire, bien que les élèves les plus vieux eussent cinq ans. Mais cela semblait lui apporter une telle satisfaction et je trouvai la chose si drôle qu'elle m'en était indifférente.

Ainsi débuta notre vie de paix et d'isolement. Et, longtemps, personne ne s'occupa de nous.

Les événements principaux de cette époque étaient faits de choses infimes, dignes de ces contes pour enfants qui commencent par : « Il était une fois… » Mes interventions étaient si simples et si puériles, que personne n'eût pu les considérer d'un point de vue scientifique. Leur description complète nécessiterait pourtant un volume d'observations ou, plutôt, de découvertes psychologiques.

LAVAGE DES MAINS

La répétition de l'exercice

Le premier phénomène digne d'attention fut le suivant : une enfant de trois ans s'exerçait avec les petits cylindres des encastrements solides qui se manœuvrent un peu comme le bouchon d'une bouteille ; ce sont des cylindres de grosseurs graduées dont chacun a son emplacement déterminé. Je fus étonnée de voir une enfant si jeune manifester un tel intérêt à répéter interminablement cet exercice. Il n'y avait aucun progrès ni dans sa rapidité ni dans son habileté. C'était une espèce de mouvement perpétuel. Je me mis d'abord à compter le nombre de fois qu'elle répétait l'exercice et puis je voulus essayer d'évaluer la résistance de l'étrange concentration que l'enfant révélait ainsi ; je dis à la maîtresse de faire remuer et chanter tous les autres. L'enfant ne leva pas le nez de dessus son travail. Alors, je pris délicatement le petit fauteuil dans lequel elle était assise et je le déposai sur une table. D'un mouvement rapide, l'enfant avait serré son objet et, en le maintenant sur ses genoux, continua sans broncher. Depuis le moment où j'avais commencé à compter, la petite avait répété 42 fois son exercice. Elle s'arrêta, comme si elle sortait d'un rêve et sourit, heureuse : ses yeux brillaient en regardant autour d'elle.

Il semblait qu'elle ne se fût même pas aperçu des manœuvres qui n'avaient pas réussi à la déranger. Et, tout à coup, sans aucune cause apparente, son travail était fini. Qu'est-ce qui était fini ? Et pourquoi ?

Ce fut la première fissure qui s'ouvrit sur les profondeurs inexplorées de l'âme enfantine. C'était une toute petite fille, de cet âge où l'attention est instable. Et pourtant, elle avait fait preuve d'une telle concentration, que son « moi » s'était soustrait à tous les stimulants extérieurs. Cette concentration avait été accompagnée d'un mouvement rythmique de la main, autour de l'objet exact, scientifiquement gradué.

De telles concentrations, qui rendent insensible au monde extérieur, n'étaient pas courantes, mais se répétèrent, pourtant. Les enfants en sortaient chaque fois reposés, pleins de vie, avec l'apparence d'un être qui vient d'éprouver une grande joie.

Mais un curieux comportement, commun à tous et, pour ainsi dire constant dans chacune de leurs actions, était ce caractère propre au travail de l'enfant, que j'appelai plus tard *la répétition de l'exercice*.

En voyant travailler toutes ces petites mains sales, je me dis qu'il fallait apprendre aux enfants à se laver les mains. Et ils se les lavèrent avec passion. Quand ils avaient obtenu des mains propres, ils continuaient à les laver. Ils sortaient de l'école pour aller se laver les mains. Des mères nous racontèrent qu'un matin, les enfants avaient disparu de chez eux : on les avait retrouvés au lavoir en train de se laver les mains ; ils étaient fiers de montrer à tout le monde leurs mains propres. Si bien qu'une fois on les prit pour des mendiants ! L'exercice se répétait et se répétait sans plus avoir de but extérieur. C'était par un besoin intérieur qu'ils lavaient leurs mains propres. La même chose se produisit en bien d'autres occasions. Plus un exercice était enseigné avec exactitude, plus il semblait devenir stimulant à répétitions inépuisables.

Le libre choix

La maîtresse distribuait elle-même le matériel et le remettait en place elle-même. Elle me raconta que, tandis qu'elle se livrait à cette occupation, les enfants se levaient et s'approchaient d'elle. Elle les renvoyait à leur place, mais ils revenaient, et cela se répétait. La maîtresse en concluait que les enfants étaient désobéissants.

Je compris, en les observant, leur désir de remettre eux-mêmes les objets en place ; et je les laissai libres de le faire. Il naquit de cette nouvelle méthode une véritable vie nouvelle. Mettre les objets en ordre, parer à tout désordre éventuel, était devenu d'un attrait très vif. Si un verre d'eau tombait des mains d'un enfant, les autres accouraient pour en ramasser les morceaux et essuyer par terre.

Un jour, la boîte contenant 80 tablettes de couleurs graduées tomba des mains de la maîtresse. Je me rappelle son embarras devant la difficulté à reconnaître tant de couleurs insensiblement graduées. Mais les enfants accoururent et, à notre stupéfaction, remirent rapidement en place toutes les tablettes, démontrant une extraordinaire sensibilité aux couleurs, que nous n'avions pas nous-mêmes.

La maîtresse arriva un jour en retard à l'école ; elle avait oublié, la veille, de fermer à clef l'armoire, qu'elle trouva ouverte par des enfants, rassemblés devant le meuble. Quelques-uns d'entre eux prenaient des objets et les emportaient. La maîtresse considéra que ce procédé était dicté par un instinct de vol. Pour elle, des enfants qui volent et qui manquent de respect auraient eu grand besoin de recevoir une sévère éducation morale. Je crus comprendre, moi, que les enfants connaissaient assez bien les objets pour pouvoir les choisir tout seuls. Ainsi firent-ils.

Une recrudescence d'activité en fut la conséquence : les enfants avaient des désirs particuliers et choisissaient leurs occupations. C'est pour cette raison que l'armoire basse et élégante parut mieux adaptée, où le matériel, tout en étant rangé, est à la disposition des enfants qui le choisissent selon leurs besoins intérieurs. Et c'est ainsi que le principe du *libre choix* accompagna celui de la *répétition de l'exercice*.

C'est sur les enfants libres dans leur choix qu'ont pu être faites toutes les observations sur leurs tendances et sur leurs besoins psychiques. Une des premières conséquences a été de voir qu'ils ne choisissaient pas tout le matériel scientifique que j'avais fait préparer, mais seulement quelques-uns des objets qui le composent. Ils allaient tous prendre à peu près les mêmes choses ; et certaines d'entre elles avec une préférence évidente. D'autres objets, par contre, restaient abandonnés et se couvraient de poussière. Je les présentais tous, je les faisais offrir par la maîtresse qui en expliquait l'usage, mais les enfants ne les reprenaient pas spontanément. Je compris alors que tout, dans l'ambiance de l'enfant, *doit être* mesuré et ordonné ; et que c'est du manque de confusion et de superflu que naissent, précisément, l'intérêt et la concentration.

Le silence

J'entrai un jour en classe en tenant dans mes bras une petite enfant de quatre mois que j'avais prise dans la cour, des mains de sa maman. Le petit bébé était tout serré dans ses langes, comme il était d'usage dans le peuple ; il ne pleurait pas ; sa figure était joufflue et rose. Le silence de ce petit être me fit une grande impression et je voulus communiquer mon sentiment aux enfants : « -Elle ne fait aucun bruit », dis-je ; et j'ajoutai, en plaisantant : « Aucun de vous ne saurait être aussi silencieux » (je leur montrai que la petite fille avait les pieds emmaillotés et serrés). Il y eut une véritable stupéfaction chez les enfants qui me regardèrent, immobiles. On eût dit qu'ils étaient suspendus à mes lèvres et que ce que je leur disais répondait profondément en eux. « Mais comme sa respiration est délicate, continuai-je ! Personne ne pourrait respirer comme elle, sans faire de bruit... » Les enfants, surpris et immobiles, retinrent leur souffle. On « entendit », à ce moment, un silence impressionnant. Le tic-tac de l'horloge devint perceptible. Il semblait que le bébé eût apporté une atmosphère de silence comme il n'en existe pas à l'ordinaire. Et cela, parce que personne ne faisait le plus petit mouvement. De là naquit le désir de retrouver ce silence ;

ils voulurent le reproduire ; ils s'empressèrent donc, on ne peut dire avec enthousiasme, parce que l'enthousiasme a en soi quelque chose d'impulsif qui se manifeste à l'extérieur, et que cette manifestation correspondait, au contraire, à un désir profond ; mais ils s'immobilisèrent, contrôlant jusqu'à leur respiration. Et ils restèrent ainsi, dans une attitude sereine de méditation. C'est de cette facon que naquit notre exercice du silence.

Il me vint un jour l'idée de profiter du silence pour faire des expériences sur l'acuité auditive des enfants. Je les appelai par leur nom, à voix basse, et d'une certaine distance. Ceux qui s'entendaient appeler devaient venir près de moi, faisant le chemin sans bruit. Avec quarante enfants, cet exercice d'attente demandait une patience que je croyais impossible : j'apportai des bonbons et des chocolats pour distribuer à chaque enfant qui m'arrivait. *Les enfants refusèrent les bonbons.* Ils semblaient dire : « Ne gâte pas notre belle impression ; notre esprit est encore en train de se délecter ; ne nous distrais pas. »

Je compris ainsi qu'ils étaient sensibles, non seulement au silence, mais encore à une voix qui, dans le silence, les appelait imperceptiblement. Et ils arrivaient lentement, en marchant sur la pointe des pieds, avec précaution, pour ne rien heurter ; et l'on n'entendait point leurs pas. Il fut clair, par la suite, que chaque exercice de mouvement dont l'erreur peut être contrôlée — comme, dans le cas présent, par le bruit dans le silence — aide l'enfant à se perfectionner. Et ainsi, la répétition de l'exercice peut apporter une éducation extérieure telle qu'il serait impossible d'en obtenir une aussi fine par un enseignement extérieur.

Nos enfants apprirent donc à se mouvoir à travers les obstacles sans les heurter, à courir légèrement sans bruit, devenant souples et agiles. Ils jouissaient de leur perfection.

Ce qui les intéressait, c'était de découvrir eux-mêmes leurs possibilités, et de les pratiquer dans ce monde mystérieux qu'est la vie qui se déroule.

Les jouets

Bien qu'il y eût à l'école des jouets vraiment splendides mis à leur disposition, les enfants ne s'en servaient jamais. Cela me surprit tellement que je voulus intervenir et me servir des jouets avec eux, leur apprenant à employer la petite vaisselle, allumant le feu dans la petite cuisine de poupée, y plaçant une belle poupée. Les enfants s'y intéressaient un instant, et puis s'éloignaient et n'en faisaient jamais l'objet de leur choix spontané.

Je compris alors que le jouet était sans doute quelque chose d'inférieur dans la vie de l'enfant, et qu'il n'y recourait que faute de mieux ; il y avait quelque chose de plus élevé qui, dans son âme, prévalait sur les futilités. On pourrait en dire autant pour nous : jouer aux échecs ou au bridge est plaisant dans nos moments d'oisiveté. Mais ça ne le serait plus, si nous étions obligés de ne rien faire d'autre de la vie. Quand on a une occupation élevée et urgente, on oublie le bridge. Et l'enfant a toujours des occupations élevées et urgentes devant lui. Chaque minute qu'il traverse lui est précieuse, puisqu'elle représente le passage d'un être un peu inférieur à un supérieur. En fait, l'enfant grandit sans cesse, et tout ce qui a trait à ses moyens de développement est fascinant pour lui et lui fait oublier l'activité oiseuse.

Récompenses et punitions

En entrant un jour a l'école, je vis, au milieu de la salle, un enfant assis tout seul dans un petit fauteuil, et qui ne faisait rien. Il avait sur la poitrine la pompeuse décoration préparée par la maîtresse.

Celle-ci raconta que l'enfant était en pénitence. Peu de temps auparavant, elle en avait récompensé un autre, en lui accrochant la croix dorée. Mais cet autre enfant, en passant auprès du petit puni, lui avait transmis sa croix, comme un objet inutile, et encombrant pour un garçon qui voulait travailler.

L'enfant puni contemplait ce médaillon avec indifférence, et puis regardait tranquillement autour de lui, sans être accablé le moins du monde par le poids du châtiment.

Ce premier incident anéantissait d'emblée toutes les sanctions. Mais nous voulions pousser l'observation plus avant et ce n'est qu'après une très large expérience que nous en avons admis la confirmation, après que, le fait constamment répété, la maîtresse eut ressenti une espèce de gêne à distribuer récompenses et punitions à ces enfants qui ne faisaient pas plus de cas des unes que des autres.

On ne distribua donc plus rien. Ce qui nous avait le plus surpris avait été le fréquent refus de récompenses.

Il y avait un réveil de la conscience, un sens de la dignité qui n'existait pas auparavant.

Bien du temps devait passer avant que je fusse convaincue que le refus des bonbons avait une raison en soi. Les bonbons, c'est-à-dire la gourmandise apportée comme récompense, comme futilité, représentaient un aliment superflu et irrégulier. Cela me paraissait tellement extraordinaire, que je répétai l'expérience avec insistance. J'apportai donc des bonbons ; les enfants les refusaient. Ils les mettaient dans la poche de leur tablier. Je pensai qu'étant si pauvres, ils voulaient les apporter à leur famille, et je leur dis : « Ceux-ci sont pour toi, et ceux-là, pour emporter chez toi. » Ils les prenaient, mais les mettaient tous dans leur poche et n'en mangeaient aucun. Ils appréciaient pourtant le cadeau, car, une fois, un de ces enfants, retenu au lit, fut si reconnaissant de recevoir la visite de la maîtresse, qu'il ouvrit un tiroir, en tira un gros bonbon qu'on lui avait donné en classe, et le lui offrit. Le bonbon était resté là, pendant des semaines, et l'enfant ne l'avait pas touché. Ce phénomène fut si général parmi les enfants que, dans les écoles qui s'ouvrirent par la suite, de nombreux visiteurs le constatèrent ; on écrivit, à l'époque, des livres sur ce sujet. Il s'agit là d'un fait psychique spontané et naturel. Personne n'a voulu enseigner tout à coup la pénitence et supprimer les bonbons. Il ne pouvait venir à personne la curieuse fantaisie d'affirmer : « Les enfants ne doivent ni jouer ni manger des bonbons. »

Ils refusaient, spontanément, des douceurs extérieures inutiles, tandis qu'ils s'élevaient à la vie spirituelle.

Il arriva qu'un visiteur distribua des biscuits en forme de figures géométriques. Les enfants, au lieu de les manger, les regardaient, intéressés, en disant : « Ça, c'est un cercle ; ça, c'est un rectangle ! »

Une autre anecdote est celle du petit enfant qui regardait sa maman faire la cuisine ; celle-ci, prenant un morceau de beurre entier : « C'est un rectangle ! » s'écria l'enfant. La maman, en coupant un coin, l'enfant lui dit : « Et maintenant, tu as pris un triangle » et il ajouta : « Il reste un trapèze ». Mais il ne lui dit pas la phrase habituelle : « Donne-moi du pain et du beurre ! »

MOUCHAGE NEZ

La dignité

Je fis un jour une leçon un peu humoristique sur la manière de se moucher. Et, après avoir imité différentes façons de se servir du mouchoir à cet effet, je terminai en indiquant comment on se mouche discrètement, de façon à faire le moins de bruit possible et à dissimuler le geste. Les enfants m'écoutaient et me regardaient avec une profonde attention ; ils ne riaient pas ; et je me demandais en moi-même le pourquoi d'un tel succès.

A peine eus-je terminé, qu'un grand applaudissement éclata. Je restai véritablement stupéfaite. Je n'aurais jamais pensé que de si petits enfants eussent pu se transformer en une foule enthousiaste, ni qu'une telle force eût pu être déployée par de si petites mains.

J'eus alors conscience que je venais de toucher un point sensible chez ce petit monde. Les enfants sont, à ce propos, toujours grondés, constamment humiliés. Ce sujet leur fait subir une dégradation permanente, surtout dans le peuple, où on leur a donné un sobriquet qui fait allusion à leur nez sale. Tout le monde leur crie dessus ; tout le monde les offense. Et, à l'école, on leur coud ostensiblement un mouchoir sur le tablier, afin qu'ils ne le perdent pas. Mais personne ne leur avait jamais appris comment on devait faire, autrement qu'en les bousculant.

Or les enfants sont sensibles à tous les gestes de mépris dont nous les gratifions et desquels ils restent humiliés. Cette leçon leur rendait justice, les rachetait à leurs propres yeux, leur permettait de s'élever dans la société. C'est ainsi qu'il me fallut interpréter leur enthousiasme. L'expérience me prouva par la suite que les enfants ont un profond sentiment de leur dignité personnelle ; leur âme reste souvent blessée, ulcérée, au-delà de ce que l'adulte peut imaginer !

L'incident ne se termina pas ainsi ce jour-là ! Quand je fus sur le point de m'en aller, les enfants me crièrent : « Merci, merci pour la leçon ! » Et quand je sortis, ils me suivirent dans la rue, en une procession silencieuse, jusqu'à ce que je leur dise : « Quand vous vous en retournerez, courez sur la pointe des pieds et faites attention de ne pas vous cogner au coin du mur. » Ils s'en retournèrent rapidement et disparurent comme s'ils s'étaient envolés. J'avais touché juste dans leur dignité sociale !

Quand nous recevions des visites, les enfants se comportaient avec dignité et amour-propre ; ils savaient diriger leur travail et « recevoir » avec un enthousiasme cordial. Longtemps, j'en avais douté, tourmentant la maîtresse pour qu'elle ne fît point faire de parade, pas de préparatifs. Mais je m'inclinai, à la fin, illuminée.

Ils honoraient leurs visiteurs et étaient fiers de montrer comme ils savaient bien faire. Je ne leur avais pas dit : « Je voudrais qu'on pense de vous : Ce sont les plus beaux enfants du monde. » Ce n'est d'ailleurs pas une exhortation qui eût pu les faire agir ainsi. Mais il suffisait de leur dire : « Il va venir une visite », comme si on annonçait quelqu'un dans un salon ; et tout un petit peuple conscient et responsable, plein de grâce et de dignité, faisait le reste.

Je compris que les enfants n'avaient aucune timidité. Entre leur âme et l'ambiance, aucun obstacle n'existait Leur expansion était complète et naturelle, comme une fleur de lotus qui ouvre sa corolle blanche jusqu'aux étamines et reçoit les rayons du soleil, en exhalant un parfum délicat. *Aucun obstacle* : voilà le point. Rien à cacher, rien à renfermer, rien à craindre. C'est tout. Leur désinvolture était faite d'une parfaite et immédiate adaptation à l'ambiance.

Une âme agile, active se manifestait au monde en s'y trouvant à l'aise ; elle rayonnait à l'extérieur une chaleur spirituelle, qui dissolvait les difficultés opprimantes de l'adulte avec qui elle entrait en contact. Ces enfants accueillaient tout le monde avec amour. C'est ainsi que l'on se mit à leur rendre visite, pour recevoir d'eux une impression neuve et revivifiante.

Un jour, un enfant s'approcha d'une dame en deuil appuya sa petite tête contre elle, puis lui prit une main et la tint entre les siennes. Cette dame raconta que personne ne l'avait jamais réconfortée comme ces enfants.

Une autre fois, la fille de notre président du Conseil voulut accompagner l'ambassadeur de la République argentine à la Maison des Enfants. L'ambassadeur avait recommandé qu'on ne prévînt pas de sa visite, afin d'assister à cette spontanéité dont il avait entendu parler. Mais il apprit en arrivant que c'était congé et que l'école était fermée. Quelques enfants, qui jouaient dans la cour, s'avancèrent : « Ça ne fait rien que ce soit congé, dit l'un d'eux tout naturellement ; nous sommes tous à la maison et le concierge a la clef. »

Alors, ils appelèrent les camarades, firent ouvrir la porte

et se mirent au travail. Leur merveilleuse spontanéité fut ainsi démontrée de façon indiscutable.

Les mères des élèves me faisaient des confidences sur leur intimité familiale. « Ces enfants de trois et quatre ans, me racontèrent-elles, nous disent des choses... qui nous vexeraient, si elles venaient d'autres que d'eux ! Ils nous disent, par exemple : — Vous avez les mains sales. Il faut vous les laver. Il faut aussi enlever les taches de vos vêtements. Ils nous donnent des avertissements comme on en a dans les rêves. »

Et il arriva que ces gens du peuple devinrent plus ordonnés et plus soignés : ils firent disparaître des appuis de fenêtres les vieilles marmites cassées. Peu à peu, les vitres devinrent brillantes, et des géraniums ornèrent les fenêtres de la cour.

La discipline

Malgré l'aisance et la désinvolture qui caractérisaient leur façon d'être, ces enfants donnaient l'impression d'être extraordinairement disciplinés. Chacun d'eux travaillait, tranquille, pris par sa propre occupation. Ils évoluaient avec légèreté, pour aller changer de matériel, pour ranger leur travail. Ils sortaient de classe, donnaient un coup d'œil à la cour, et puis rentraient. Ils obéissaient aux désirs de la maîtresse avec une telle rapidité que celle-ci disait : « Je commence à me sentir une responsabilité pour chaque mot que je prononce. » Quand elle demandait l'exercice du silence, elle ne terminait pas le mot que, déjà, les enfants étaient immobiles.

Malgré cette dépendance apparente, ils agissaient selon leur propre initiative, disposant eux-mêmes de leur temps. Ils prenaient tout seuls les objets, mettaient de l'ordre dans l'école et, quand la maîtresse arrivait en retard ou sortait en laissant les enfants seuls, rien n'en était dérangé.

D'où venait cette discipline parfaite, vibrante, même quand elle se manifestait dans le plus profond silence, cette obéissance qui allait au-devant du commandement ? Le calme qui régnait dans la classe quand les enfants étaient au travail était pénétrant, émouvant. Personne ne l'avait provoqué. *Personne, d'ailleurs, n'aurait pu l'obtenir de l'extérieur.*

Ces enfants étaient aussi profondément axés dans leur « orbite » que les étoiles qui tournent sans jamais changer l'ordre de leur marche.

Une telle discipline nsturelle semble nous dépasser et se manifester comme faisant partie de la discipline universelle qui régit le monde. C'est de cette discipline-là qu'il est parlé dans les Psaumes, quand ils la disent perdue chez les hommes. Et on a l'impression que c'est d'elle que devrait naître l'autre discipline, celle dont les motifs sont extérieurs et immédiats : la discipline sociale.

C'était vraiment 1à le plus grand objet de surprise que l'on trouvait chez nos enfants ; celui qui donnait le plus à réfléchir, qui semblait contenir quelque chose de mystérieux : l'ordre et la discipline unis si étroitement qu'ils engendraient la liberté.

Début de l'enseignement

L'ÉCRITURE — LA LECTURE

Je reçus un jour une délégation de deux ou trois mères. Elles venaient me demander d'apprendre à lire et à écrire à leurs enfants. Ces femmes étaient illettrées. Et, comme je résistais, trop loin, à cette époque, d'une telle entreprise, elles m'exhortèrent avec insistance.

C'est alors que les plus grandes surprises me furent réservées. Je n'enseignai d'abord aux enfants de quatre à cinq ans que quelques lettres de l'alphabet que je fis découper dans du carton par la maîtresse. J'en fis également découper dans du papier émeri, afin de les faire toucher du bout du doigt dans le sens de l'écriture ; je rassemblai ensuite sur une table les lettres dont les formes étaient voisines entre elles, pour rendre uniformes les mouvements de la petite main qui devait les toucher.

La maîtresse aimait ce travail et s'attacha à ce début si important. Nous étions étonnées de l'enthousiasme des enfants. Ils organisaient des processions, brandissant en l'air les petits cartons, ainsi que des étendards, et poussaient des cris de joie. Je surpris un jour un enfant qui se promenait tout seul en disant : « Pour faire Sofia, il faut un S, un O, un F, un I, un A » et il se répétait les sons qui composent le mot. Il était donc en train de faire un travail, analysant les mots qu'il avait en tête et cherchant les sons qui les composaient. Il faisait cela avec la passion de l'explorateur sur la voie d'une découverte ; il comprenait que ces sons répondaient à des lettres de l'alphabet. De fait, qu'est-ce que l'écriture alphabétique, sinon la correspondance d'un signe à un son ? le langage écrit n'est que la traduction *littérale* du langage parlé. Toute l'importance du progrès de l'écriture alphabétique se trouve en ce point de rencontre où les deux langues se développent parallèlement. Au début, l'une — la langue écrite — tombe de l'autre, comme en gouttelettes éparses, détachées, qui forment, par la suite, un cours d'eau séparé, c'est-à-dire la parole, le discours.

C'est un véritable secret, une clef qui, une fois découverte, redouble une richesse acquise, permet à la main de s'emparer d'un travail vital, presque inconscient comme le langage parlé, et de créer un autre langage qui le reflète dans tous ses détails. Il y a la part de l'esprit et la part de la main. Alors, la main peut déclencher une avance et, de cette goutte, faire tomber une cataracte. Tout le langage déferle. Un cours d'eau, une cataracte, ce n'est jamais qu'un ensemble de gouttes d'eau.

Une fois l'alphabet stabilisé, le langage écrit en dérive logiquement, comme une conséquence naturelle. Il faut, simplement, que la main sache tracer des signes. Les signes alphabétiques sont de simples symboles. Ils ne représentent aucune image ; ils sont donc très faciles à dessiner. Je n'avais pourtant jamais réfléchi à tout cela quand, dans la Maison des Enfants, se produisit l'événement le plus important.

Un enfant se mit à écrire. Sa surprise fut telle qu'il cria de toutes ses forces : « J'ai écrit ! j'ai écrit ! » Ses camarades accoururent, intéressés, regardant les mots que l'enfant avait tracés par terre avec un petit morceau de craie blanche. « Moi aussi ! moi aussi ! » crièrent d'autres enfants, et ils se dispersèrent. Ils allaient chercher des moyens d'écriture ; quelques-uns se groupèrent autour d'une ardoise, d'autres se couchèrent par terre et, ainsi, le langage écrit fit son apparition comme une véritable explosion.

Cette activité inépuisable était comparable à une cataracte. Ces enfants écrivaient partout, sur les portes, sur les murs et même, à la maison, sur les miches de pain. Ils avaient de quatre à cinq ans. L'établissement de l'écriture avait été un fait brutal. La maîtresse disait : « Cet enfant a commencé à écrire hier, à 3 heures. »

Nous nous trouvions vraiment devant un miracle. Mais quand nous présentions des livres aux enfants (et beaucoup de personnes qui avaient appris le succès de l'école avaient apporté de très beaux livres illustrés), ils les accueillaient avec froideur : ils les considéraient comme des objets contenant de belles images, mais qui distrayaient de cette chose passionnante qui concentre tout en soi : l'écriture. Ces enfants n'avaient certainement jamais vu de livres ; et, pendant un certain temps, nous cherchâmes à attirer leur attention dessus. Il n'était même pas possible de leur faire comprendre ce que c'était que la lecture. Les livres furent donc relégués dans l'armoire, en attendant des temps meilleurs. Les enfants lisaient l'écriture à la main, mais s'intéressaient rarement à ce qu'un autre avait écrit. On eût dit qu'ils ne savaient pas lire ces mots-là. Et quand je lisais à haute voix les derniers mots écrits, beaucoup d'enfants se tournaient, étonnés, vers moi, comme en se demandant : « Comment est-ce qu'elle le sait ? »

Ce fut près de six mois plus tard qu'ils commencèrent à comprendre ce qu'était la lecture ; et ce fut seulement en l'associant à l'écriture. Il fallait que les enfants suivissent des yeux ma main qui traçait des signes sur le papier blanc ; ils découvrirent alors que je transmettais ainsi mes pensées, aussi bien qu'avec la parole. Dès qu'ils en eurent clairement le sentiment, ils commencèrent à empoigner les morceaux de papier sur lesquels j'avais écrit, pour essayer de les lire, dans un coin : et ils essayaient mentalement, sans prononcer un seul son. On s'apercevait qu'ils avaient compris, quand un sourire venait soudainement épanouir le petit visage contracté par l'effort, ou quand un petit saut les détendait, comme par un ressort caché ; alors, ils se mettaient en action, parce que chacune de mes phrases était un « ordre », comme j'aurais pu en donner de vive-voix : « Ouvre la fenêtre », « viens près de moi », etc.

Et c'est ainsi que s'implanta la lecture. Elle se développa, par la suite, jusqu'à la lecture de longues phrases, qui commandaient des actions compliquées. Il semblait que le langage écrit fût envisagé par les enfants tout simplement comme une autre façon de s'exprimer, une autre forme du langage parlé, se transmettant comme lui, directement, de personne à personne.

Quand nous recevions des visites, les enfants qui étaient, auparavant, excessifs en formules de politesse, restaient maintenant silencieux. Ils se levaient et allaient écrire au tableau : « Asseyez-vous », « merci de votre visite », etc.

On parlait, un jour, d'un grand désastre survenu en Sicile, où un tremblement de terre avait entièrement détruit Messine, faisant des centaines de mille victimes. Un enfant de cinq ans se leva et alla écrire au tableau ; il commença ainsi : « Je regrette… » Nous le suivions en pensant qu'il voulait déplorer l'événement ; il écrivait : « Je regrette… d'être petit… » Quelle réflexion curieuse et égoïste était-ce là ? Mais l'enfant continuait à écrire

« Si j'étais grand, j'irais aider… » Il avait fait une petite composition littéraire tout en démontrant son bon cœur. C'était l'enfant d'une femme qui vendait, pour vivre, des légumes dans la rue.

Tandis que nous étions en train de préparer un matériel pour apprendre l'alphabet imprimé aux enfants et tenter à nouveau l'épreuve des livres, ils se mirent brusquement à lire tout ce qu'ils trouvaient imprimé dans l'école ; et il y avait des phrases vraiment difficiles à déchiffrer, certaines même écrites en gothique sur un calendrier. A cette époque-là, des parents nous racontèrent que, dans la rue, les enfants s'arrêtaient pour lire les enseignes des boutiques, et qu'on ne pouvait plus se promener avec eux. Il était évident que les enfants étaient intéressés par les signes alphabétiques et non par les mots. Il y avait là une écriture différente et il s'agissait de la découvrir, en arrivant à l'extraire du sens d'un mot. C'était un effort d'intuition, comparable à celui qui donne la clef des écritures préhistoriques gravées sur la pierre.

Trop de hâte de notre part dans l'explication des caractères imprimés aurait éteint cet intérêt et cette énergie intuitive. Une simple insistance à faire lire des mots dans les livres aurait été une aide négative qui, pour un but sans importance, aurait compromis l'énergie de ces esprits dynamiques. Aussi, les livres restèrent-ils, longtemps encore, enfermés dans l'armoire. Ce ne fut que plus tard que les enfants prirent contact avec eux. Cela se produisit à la suite d'un fait bien curieux : un enfant arriva un jour à l'école, tout excité, cachant dans sa main un morceau de papier chiffonné et confia à un camarade : « Devine un peu ce qu'il y a dans ce morceau de papier. — Il n'y a rien ; c'est un morceau de papier abîmé. — Non ! c'est une histoire... » Une histoire là-dedans ? Voilà qui attira une foule intéressée. L'enfant avait ramassé la feuille sur un tas d'ordures. Et il se mit à lire ; à lire l'histoire.

Alors, on comprit ce que c'était qu'un livre. Et à partir de ce moment, on peut dire que les livres donnèrent un plein rendement. Mais beaucoup d'enfants, ayant trouvé une lecture intéressante, arrachaient la feuille pour l'emporter.

La découverte de la valeur de ces livres fut vraiment bouleversante ; l'ordre habituel en était troublé et il fallait discipliner ces petites mains frémissantes qui détruisaient par amour. Mais, même avant d'avoir lu ces livres, avant d'arriver à les respecter, les enfants, un peu aidés, avaient corrigé leur orthographe et tellement perfectionné leur écriture, qu'on les jugea équivalents aux enfants de la troisième classe des écoles élémentaires.

Pendant tout ce temps, on n'avait rien fait pour améliorer les conditions physiques des enfants. Et pourtant personne n'aurait reconnu, dans ces visages colorés, dans ces petits êtres à l'aspect vivant, les pauvres petits, sous-alimentés et anémiques, qui semblaient nécessiter des soins urgents, des médicaments et des aliments reconstituants. Ils étaient bien portants, comme s'ils avaient fait une cure d'air et de soleil. En effet, si les causes psychiques déprimantes peuvent avoir une influence sur le métabolisme en abaissant la vitalité, il peut se produire le contraire : les causes qui exaltent l'esprit peuvent également influer sur le métabolisme et sur toutes les fonctions physiques. Et c'en était une preuve. Aujourd'hui que les énergies dynamiques sont étudiées dans la matière, on n'en serait plus impressionné ; mais, à cette époque, ce fut une profonde surprise.

Tous ces événements firent parler de « miracles », et les histoires des enfants merveilleux se répandirent en un instant, au point que les journaux les commentèrent éloquemment. On écrivit sur eux des livres, et des romanciers s'inspirèrent si bien d'eux, qu'en donnant la description de ce qu'ils avaient vu, ils semblaient illustrer un monde inconnu. On parla de la découverte de l'âme humaine, on parla de miracles, on cita même des conversions d'enfants ; le dernier livre anglais sur ce sujet s'intitulait : « New Children ». Il vint de loin, et spécialement d'Amérique, beaucoup de gens pour constater ces phénomènes surprenants.

Les enfants pouvaient bien reprendre les paroles de la Bible qui se lisent à l'église le 6 janvier, précisément le jour anniversaire de l'inauguration de l'école : « Lève les yeux et regarde alentour : ils se sont tous assemblés pour venir vers toi. Vers toi se dirige la multitude, d'au-delà de la mer. »

III

Conséquences

Ce récit succinct de faits et d'impressions laisse perplexe sur la question de la « méthode ». On ne comprend guère avec quelle méthode on peut obtenir de tels résultats.

Et c'est le point.

On ne voit pas la méthode. Ce qu'on voit, c'est l'enfant. On voit l'âme de l'enfant qui, libérée des obstacles, agit selon sa nature propre. Les qualités enfantines que nous avons dégagées appartiennent tout simplement à *la vie*, au même titre que la couleur des oiseaux ou que le parfum des fleurs. Elles ne sont en rien le résultat d'une « méthode d'éducation ». Il est pourtant évident que ces faits naturels peuvent être influencés par l'éducation, dont le but est de protéger l'enfant, afin de favoriser son développement.

Les phénomènes survenus à la Maison des Enfants sont des phénomènes psychiques naturels. Ils ne sont pourtant pas apparents, comme les phénomènes naturels de la vie végétative. La vie psychique est si mobile que ses caractères peuvent brusquement disparaître, quand les conditions de l'ambiance ne sont pas propices ; d'autres caractères se substituent aux premiers. Aussi est-il nécessaire, avant de procéder à toute tentative d'éducation, d'établir dans l'ambiance les conditions les plus favorables à l'éclosion des caractères normaux profonds. Il suffit, pour réaliser cette ambiance favorable, d'éloigner les obstacles, et c'est là le premier pas à faire, les bases mêmes de l'éducation. Il ne s'agit donc pas seulement de développer les caractères existant, mais, avant tout, de découvrir la nature ; ce n'est qu'alors que l'on peut faciliter le développement du caractère normal.

C'est par hasard que, chez nous, les conditions se réalisèrent. L'une des plus caractéristiques a été cette ambiance plaisante offerte aux enfants. Ceux-ci, grandis en des lieux misérables, étaient particulièrement sensibles à cette maison propre et blanche, où ils trouvaient des tables neuves, de petits sièges construits pour eux et les pelouses de la cour ensoleillée.

Une autre condition essentielle était le caractère *négatif* de l'adulte : les parents illettrés, la maîtresse-ouvrière, sans ambitions ni préjugés. Cette situation réalisait un état de « calme intellectuel ».

On a toujours reconnu qu'un éducateur devait être *calme*. Mais on n'envisageait ce calme qu'au point de vue de son caractère, de ses impulsions nerveuses. Il s'agit ici d'un calme plus profond : d'un état de vide ou, plutôt, d'un manque d'encombrement mental d'où découlait une limpidité intérieure, un détachement de toute attache intellectuelle. C'est « l'humilité spirituelle » qui prépare à comprendre l'enfant, et qui devrait être la préparation essentielle de la maîtresse

Une autre circonstance favorable fut l'offre aux enfants d'un matériel scientifique attrayant, déjà perfectionné pour l'éducation sensorielle.

Tout cela était capable de concentrer l'attention. Et rien n'aurait pu réussir si, en enseignant à haute voix, les énergies avaient été appelées de l'extérieur.

Donc, *l'ambiance adaptée, le maître humble*, et le *matériel scientifique*. Voilà les trois points extérieurs.

Cherchons à relever maintenant quelques manifestations des enfants.

La plus saillante, celle qui semble presque due à une baguette magique faisant surgir les caractères normaux, c'est l'activité concentrée sur un travail, et s'exerçant sur un objet extérieur avec des mouvements de la main, guidés par l'intelligence. Alors, surgissent certains phénomènes ayant un mobile intérieur, tels que « la répétition de l'exercice » et « le libre choix ». Et l'enfant apparaît : illuminé par la joie, infatigable ; l'activité est comme un métabolisme psychique, source de vie et condition de développement. C'est son choix qui, désormais, guidera tout ; c'est lui qui répond avec transport à certaines expériences, telles que le silence ; il s'enthousiasme pour l'enseignement qui lui ouvre la voie de la justice et de la dignité. Il absorbe intensément les moyens qui lui permettent de développer son esprit. Par contre, il est des catégories de choses qu'il refuse : les récompenses, les bonbons, les jouets. Il nous démontre, en outre, que l'ordre et la discipline sont pour lui des manifestations et des besoins vitaux. Et pourtant, c'est bien un enfant : frais, sincère, joyeux, sautillant, qui crie quand il s'enthousiasme, qui applaudit, court, remercie avec effusion, appelle, sait démontrer sa gratitude ; il s'approche de tout le monde, admire tout, s'adapte à tout.

Dressons donc la liste de ce qu'il a choisi lui-même et tenons compte de ses manifestations spontanées. Notons ensuite ce qu'il a refusé en l'accompagnant du mot abolition :

1° Travail individuel
Répétition de l'exercice

Libre choix
Contrôle du travail
Analyse des mouvements
Exercices de silence
Bonnes manières dans les contacts sociaux
Ordre dans l'ambiance
Propreté et soin de sa personne
Éducation des sens
Écriture indépendante de la lecture
Écriture précédant la lecture
Lecture sans livres
Discipline dans la libre activité.

2° Abolition des récompenses et des punitions
Abolition des syllabaires
Abolition des leçons collectives
Abolition des programmes et des examens
Abolition des jouets et de la gourmandise
Abolition de la chaire du maître enseignant.

Le plan d'une méthode d'éducation apparaît dans cette liste. En somme, c'est de l'enfant que sont venues les directives pratiques, positives et même expérimentales, pour construire une méthode d'éducation où son choix soit le guide, et où sa vivacité vitale serve de contrôle à l'erreur.

Il est à remarquer que, dans l'établissement qui s'ensuivit d'une véritable méthode d'éducation, longuement élaborée sur l'expérience, les directives premières, venues de zéro, se sont conservées intactes. Et l'on pense à l'embryon d'un vertébré, où apparaît une ligne qui s'appelle la ligne primitive : c'est un véritable dessin sans substance, qui deviendra par la suite la colonne vertébrale. On pourrait distinguer trois parties : la tête, la section thoracique, la section abdominale ; et puis, beaucoup de points de détail, qui vont s'ordonner, se déterminer peu à peu, et qui finiront par se solidifier : les vertèbres. Ainsi, dans ce premier dessin d'une méthode d'éducation existe un tout : une ligne fondamentale d'où surgissent en relief trois grands facteurs : l'ambiance, le maître et le matériel ; et puis un grand nombre de détails qui se détermineront, précisément comme les vertèbres.

Il serait intéressant de suivre pas à pas cette élaboration qui semble être, dans la société humaine, la première œuvre qui ait été commandée par l'enfant, et d'avoir une idée de l'évolution de ces principes qui se présentèrent tout d'abord comme des révélations insoupçonnées.

Les développements successifs de cette singulière méthode constituent bien une évolution, parce que les phénomènes nouveaux proviennent d'une vie se développant en relation avec l'ambiance. Or, cette ambiance est toute particulière, étant, du fait de l'adulte, une réponse active et vitale aux plans nouveaux que la vie enfantine manifeste en se développant.

La rapidité prodigieuse avec laquelle se sont multipliées les tentatives d'application de cette méthode, dans les écoles pour enfants de toutes conditions sociales et de toutes races, a élargi l'expérience et a permis de relever des points communs, des tendances universelles et, par conséquent, de déterminer les lois naturelles sur lesquelles l'éducation doit avoir sa première base.

Les expériences des écoles qui suivirent la première Maison des Enfants sont intéressantes surtout par le fait que celles-ci poursuivirent la même attitude d'attente des phénomènes spontanés chez les enfants, sans que se soit encore précisée aucune méthode.

On fit une expérience importante dans une des premières

Maisons des Enfants qui furent créées à Rome. Les conditions étaient encore plus exceptionnelles que dans la première. Il s'agissait d'orphelins ayant survécu au tremblement de terre de Messine : une soixantaine de petits enfants recueillis tout seuls parmi les décombres. On ne connaissait ni leur nom, ni leur condition sociale. Un choc terrible les avait uniformisés : ils étaient abattus, muets, absents. Il était difficile de les alimenter, difficile de les faire dormir. On entendait, la nuit, des cris et des plaintes. On créa pour eux une ambiance exquise et la reine d'Italie s'en occupa elle-même. On construisit des meubles petits et clairs, lumineux et variés ; de petites armoires, des tentures de couleurs, des tables rondes extrêmement basses et de couleurs vives, au milieu d'autres tables rectangulaires, plus hautes et claires ; des chaises et de petits fauteuils ; la vaisselle surtout était attrayante : les plats étaient petits, les couverts et les serviettes minuscules ; jusqu'aux savons et aux essuie-mains, tout était adapté à des mains qui avaient encore beaucoup de temps pour grandir. Sur toutes choses, il y avait un ornement, un signe de raffinement. De jolis tableaux aux murs et des vases de fleurs partout. Le local était un couvent des Sœurs franciscaines qui avait de grands jardins, avec de larges allées ; on y pratiquait une culture rationnelle de fleurs. Il y avait des bassins avec des poissons rouges, des colombes... Voilà l'ambiance où les sœurs, avec leurs robes claires, rendues majestueuses par le grand voile, évoluaient, calmes et silencieuses.

Elles enseignaient les bonnes manières aux enfants, avec une minutie qui se compliquait chaque jour. Beaucoup de sœurs appartenaient à la société aristocratique, et elles mirent en vigueur les règles les plus minutieuses de la vie mondaine qu'elles avaient quittée, cherchant dans leur mémoire et dans leurs anciennes habitudes tous les détails qu'elles pouvaient se rappeler ; il semblait que les enfants en fussent insatiables. Ils avaient appris à se tenir à table comme des princes, et à servir comme des maîtres d'hôtel de grande maison. Si le repas n'avait pas d'attrait pour eux par le mets, il en avait encore par l'esprit d'exactitude, par l'exercice de contrôle des mouvements, par les connaissances qui élèvent ; peu à peu, le bel appétit enfantin réapparut, en même temps que le sommeil paisible. La transformation de ces enfants fut impressionnante : on les voyait apporter en sautillant des objets au jardin, déménager tout le mobilier d'une pièce pour l'installer sous les arbres, sans rien casser, sans rien heurter, le visage animé et heureux.

C'est à leur sujet que naquit le terme de conversion ; une des plus distinguées femmes de lettres italiennes me dit un jour : « Ces enfants donnent l'impression de convertis. Il n'y a pas de conversion plus miraculeuse que celle qui supprime la mélancolie et transporte sur un plan de vie plus élevé. »

Cette conception donnait une forme spirituelle au phénomène inexplicable et impressionnant que tout le monde constata. L'idée de conversion semble tout d'abord opposée à l'état innocent des enfants. Mais il s'agissait d'un changement spirituel qui les libérait de la douleur et de l'abandon, et amenait une véritable résurrection à la joie. La tristesse et la faute témoignent toutes deux que la source des énergies vitales s'éloigne ; et pouvoir retrouver ces énergies, c'est être converti. La faute et la tristesse disparaissent, la joie renaît.

Bien des défauts disparurent ; mais, en même temps, on s'aperçut de la disparition de caractères que l'on prise à l'ordinaire. Et cela apporta vraiment une lumière éblouissante. Tout, dans l'homme, est erroné, tout est à refaire. Et pour refaire, un seul remède : le retour à la source unique des énergies créatrices. Sans cette démonstration de notre école par des enfants qui provenaient des situations les plus anormales, il n'eût pas été possible de distinguer le bien et le mal.

L'adulte avait son opinion faite et considérait comme bon chez l'enfant tout ce qui s'adaptait à ses propres conditions de vie, et vice versa. Et, dans ce jugement, les caractères naturels de l'enfant restaient dans l'ombre. L'enfant était un disparu, un inconnu ; le bien et le mal étaient également engloutis.

Les enfants privilégiés

Il semble que les enfants riches devraient être plus faciles à éduquer que les très pauvres enfants de notre première école, ou que les petits rescapés du tremblement de terre de Messine. En quoi pourrait bien consister leur conversion ? Ils sont privilégiés, entourés des soins les plus choisis.

La beauté de l'ambiance, la magnificence des fleurs n'ont pas d'attrait pour eux ; les allées d'un jardin ne les invitent pas ; et la relation entre eux et le matériel ne s'établit pas. La maîtresse reste désorientée, parce que les enfants ne se jettent pas, comme elle l'espérait, sur les objets.

Les enfants pauvres entrent immédiatement en contact avec le matériel ; les enfants riches, déjà rassasiés par les objets les plus variés, par les jouets les plus splendides, sont rarement attirés d'emblée vers les stimulants qu'on leur présente.

Voici les impressions de quelques-unes de nos maîtresses qui ont créé des écoles en Europe et en Amérique, devant les difficultés qu'elles ont rencontrées.

L'une d'elles, Miss G. m'écrivait de Washington :

« Les enfants s'arrachent les objets des mains les uns aux autres ; si j'essaye d'en montrer un à un élève particulier, les autres laissent tomber ce qu'ils avaient entre les mains et, bruyamment, se rassemblent autour de nous, sans but. Quand j'ai fini d'expliquer un exercice avec une pièce du matériel, tous les enfants se battent entre eux pour la posséder. Ils ne montrent aucun intérêt pour le matériel ; ils passent d'un objet à l'autre sans persister avec aucun d'eux. Certains sont incapables de rester tranquilles le temps nécessaire pour faire, avec leur doigt, le tour d'un de ces petits objets qu'on leur donne. Dans la plupart des cas, le mouvement est sans but. Ils courent tout autour de la chambre sans savoir pourquoi. Ils n'apportent, dans leurs mouvements, aucun respect pour ce qu'ils manient. Ils trébuchent contre la table, retournent les chaises et marchent sur le matériel : quelquefois, ils commencent un travail, puis courent ailleurs, prenant un autre objet et le laissant sans raison. »

Mlle D. écrivait de Paris : « Il me faut avouer que mes expériences ont été vraiment décourageantes. Les enfants ne pouvaient se fixer sur aucun travail. Aucune persévérance ; aucune initiative de leur part. Quelquefois, ils se suivaient les uns les autres, comme un troupeau de moutons. Quand un enfant prenait un objet, tous les autres voulaient l'imiter. Il leur arrivait de se rouler par terre et de renverser les chaises. »

D'une école de Rome, nous parvint cette description laconique : « La plus grande préoccupation est la discipline. Les enfants se montrent désorientés dans leur travail et réfractaires à toutes directives. »

Et voici, maintenant, la naissance de la discipline.

Miss G. écrit de Washington : « En quelques jours, cette masse nébuleuse d'enfants désordonnés commença à prendre forme. Ils découvrirent un intérêt original à des objets méprisés tout d'abord, et le résultat de cet intérêt nouveau fut qu'ils se mirent à agir comme des êtres indépendants, extrêmement individualistes. Il leur arrivait souvent qu'un objet qui absorbait toute l'attention d'un enfant n'avait pas la moindre attraction pour un autre ; tous se surpassaient dans leurs manifestations d'attention.

« La bataille n'est définitivement gagnée que lorsqu'un enfant manifeste spontanément un réel intérêt pour un objet qu'il vient de découvrir. Cet enthousiasme peut se produire à l'improviste et avec une curieuse rapidité. J'ai, une fois, essayé d'en intéresser un à toutes sortes d'objets du matériel, sans exciter chez lui un brin d'intérêt ; par hasard, je lui montrai les deux tablettes de couleurs rouge et bleue, et j'attirai son attention sur leur différence de couleurs. Ils les saisit aussitôt et, avec une espèce de fringale, apprit cinq couleurs en une seule leçon. Les jours qui suivirent, il prit les objets du matériel qu'il avait tout d'abord dédaignés et, peu à peu, s'intéressa à tous.

« Un enfant qui, au début, avait une très petite puissance de concentration, mit fin à cet état de chaos, en s'intéressant à un des objets les plus compliqués du matériel : les longueurs. Il joua avec elles, sans discontinuer pendant une semaine, et apprit à compter et à faire des additions simples. Il retourna ensuite en arrière, aux objets les plus élémentaires, les encastrements, les cylindres, et s'intéressa, par la suite, à tous les objets du matériel. Dès que les enfants trouvent un objet intéressant, le désordre disparaît d'un coup et le vagabondage de l'esprit cesse. »

La même maîtresse illustre ainsi le réveil d'une personnalité : « Nous avions deux sœurs, l'une de 3 ans, l'autre de 5. La plus petite n'existait pas, au point de vue de la personnalité. Elle suivait en tout sa sœur aînée. Si celle-ci avait un crayon bleu, la petite n'était pas contente tant qu'elle n'avait pas un crayon bleu ; si la grande mangeait du pain et du beurre, quelque chose qu'eût la petite, elle ne le mangeait pas, si ce n'était pas de pain et du beurre. A l'école, elle ne s'intéressait à rien, mais suivait sa sœur, imitant tout ce qu'elle faisait. Un jour, la petite s'intéressa brusquement aux cubes roses ; elle construisit sa tour avec une attention très vive ; elle répéta cet exercice un grand nombre de fois et oublia complètement sa sœur. Celle-ci, étonnée, l'appela et lui dit : ''Comment ça se fait que je suis en train de faire un cercle et que tu sois en train de faire la tour ?'' Et, à partir de ce jour, la petite créa sa personnalité et ne fut plus seulement le miroir de l'autre. »

Mlle D. parle d'une enfant de 4 ans, incapable de transporter un verre d'eau, même empli à moitié, sans le renverser; elle fuyait, d'ailleurs, cet exercice, sachant qu'elle ne pouvait le faire. Il se trouva qu'elle s'intéressa à un objet quelconque du matériel; elle se mit brusquement à transporter très facilement des verres d'eau. Et, comme elle avait des camarades qui faisaient de l'aquarelle, elle leur apportait de l'eau à toutes, sans en renverser une goutte.

Un autre fait curieux fut rapporté par une maîtresse australienne, Miss B. Elle avait, à l'école, une petite enfant qui ne parlait pas encore. Ses parents l'avaient montrée à un médecin, se demandant si elle n'était pas anormale. Un jour, cette petite fille découvrit les encastrements solides, passant son temps à enlever et à remettre les cylindres de bois dans leurs compartiments. Après avoir répété son travail avec un intérêt intense, elle courut à la maîtresse en lui disant : « Viens voir! »

Miss D. raconte : « Après les vacances de Noël, à la rentrée, il se produisit un grand changement dans la classe. Il semblait que l'ordre se fût établi tout seul, sans que j'y fusse pour rien. Les enfants semblaient trop intéressés par leur travail pour se livrer à ces actes désordonnés dont ils étaient coutumiers. Ils allaient tout seuls choisir dans l'armoire les objets qui avaient d'abord paru les ennuyer, et les prenaient l'un après l'autre, sans s'en montrer fatigués. Une atmosphère de travail se répandit dans la classe. Les enfants qui, jusqu'alors, avaient pris les objets par pur caprice, éprouvaient, désormais, comme le besoin d'une espèce de règle personnelle et intérieure : ils concentraient leurs efforts sur des travaux exacts et méthodiques, éprouvant une véritable satisfaction à surmonter les difficultés. Ce travail précis amena un résultat immédiat sur leur caractère. Ils devinrent maîtres d'eux-mêmes. »

Ces relations de maîtres ouvrant prématurément des écoles, avant qu'une méthode fût déterminée, pourraient se répéter à l'infini. On trouve ces difficultés plus ou moins aiguës chez tous les enfants heureux dont la famille affectueuse s'occupe intelligemment. Ce sont des difficultés spirituelles en liaison avec ce que nous appelons le bien-être, et qui expliquent la résonance dans les cœurs de ces mots : « Heureux les humbles, heureux ceux qui pleurent... »

Mais tous sont appelés, tous finissent par venir, surmontant leurs propres difficultés. C'est pour cela que le phénomène qu'on traita de « conversion » est bien un caractère propre à l'enfance ; il s'agit d'un changement rapide — quelquefois instantané — et dont la cause est toujours la même. Mais les conversions les plus différentes se produisent ainsi. Les exaltés se calment ; les opprimés renaissent ; et tous marchent ensemble, dans la même voie de travail et de discipline. Le progrès se développe seul ; il est mû par une énergie intérieure qui réussit à s'extérioriser, puisqu'elle a trouvé une porte de sortie.

La transformation prend d'abord un caractère explosif ; et c'est l'annonce certaine du développement qui se poursuit ensuite. C'est ainsi que, du jour au lendemain, l'enfant perce une dent, qu'il dit son premier mot, qu'il fait son premier pas ; et quand la première dent est percée, toute la dentition viendra ; le premier mot prononcé, le langage se développera ; le premier pas fait, la marche s'établira pour toujours. On avait arrêté le développement, ou plutôt, on avait pris une mauvaise route ; et cela, chez tous les enfants, de toutes les conditions sociales.

La diffusion de nos écoles dans le monde entier, chez toutes les races, démontrera que cette conversion enfantine est commune à l'humanité entière.

Il survient fréquemment chez le tout petit enfant une erreur qui déforme le type psychique naturel et qui donne lieu à d'infinies *déviations*.

La conversion enfantine est une guérison psychique, un retour aux *conditions normales*. Oui, cet enfant miraculeux pour la précocité de son intelligence, ce héros qui se surpasse lui-même en trouvant la sérénité, ce riche qui préfère le travail discipliné aux conditions futiles de la vie, *c'est l'enfant normal.* Et ce qu'on a trouvé surprenant à son apparition, qu'on a traité de conversion, doit simplement être considéré comme une « normalisation ». Il y a chez l'homme une nature cachée, une nature ensevelie, par conséquent inconnue, et qui est la nature vraie, la nature reçue à la création, la nature saine.

Cette interprétation n'interdit toutefois pas cette conversion à l'adulte ; pourtant, il peut faire machine arrière, retrouver sa nature véritable, mais un tel changement lui serait si difficile qu'on ne pourrait guère y reconnaître un retour à la nature humaine.

Au contraire, chez l'enfant, les caractères psychiques

normaux peuvent surgir facilement ; et alors, tous les caractères déviés disparaissent ensemble, comme les symptômes de la maladie, au retour de la santé.

En observant les enfants à la lumière de cette compréhension, on pourrait bien souvent découvrir des caractères normaux qui affleurent spontanément, en dépit des conditions difficiles de l'ambiance ; bien que rejetés, parce que méconnus, ils reviennent encore faire de nouvelles tentatives, pour se faire jour à travers les obstacles.

On pourrait dire que les énergies normales de l'enfant donnent un enseignement du pardon. Leur nature profonde pardonne et pardonne encore les répressions de l'adulte. Ce n'est donc pas un épisode passager de la vie enfantine qui annibile ses caractères normaux : c'est la lutte due à la répression continuelle de l'adulte.

Les déviations

En observant les caractères qui disparaissent dans le retour à la normale, on est surpris de constater qu'il s'agit de la presque totalité de ceux que l'on connaît chez les enfants : non seulement les défauts, mais aussi ce que l'on prise d'ordinaire ; non seulement le désordre, la désobéissance, la vivacité, la gourmandise, l'égoïsme, la dispute, le caprice, mais aussi ce qu'on appelle l'imagination créatrice, le goût des histoires, l'attachement, la soumission, le jeu, etc., et même ce que l'on a scientifiquement étudié et reconnu comme étant propre à l'enfance, tel que l'imitation, la curiosité, l'inconstance, l'instabilité. Cela revient à dire que la nature de l'enfant, telle qu'on la connaissait, n'est qu'une apparence qui en masque une autre : la nature primitive et normale. Cette constatation n'a d'ailleurs rien de nouveau ; la double nature de l'homme a été percue dans l'antiquité la plus reculée : celle de l'homme à sa création et celle de l'homme déchu.

En effet, la déchéance de l'homme a été attribuée à une erreur qui a affecté l'humanité entière. Et l'on a même souligné que l'erreur en soi était futile, disproportionnée à l'immensité de ses conséquences. Mais elle représentait un *éloignement* de l'esprit créateur. Éloigné des lois assignées par la création, l'homme est devenu comme une barque à la dérive, sans défense contre les obstacles de l'ambiance, ni contre les illusions de son intelligence.

Il y a une rencontre curieuse entre cette conception philosophique de la vie et les faits illustrés par l'enfant. Il faut bien peu de chose pour le faire dévier. Ce qui s'insinue sous les traits de l'amour et de l'aide provient, au fond, de la cécité de l'adulte ; de son égoïsme inconscient qui est véritablement une puissance diabolique déployée contre l'enfant. Mais l'enfant renaît toujours frais, portant intact en lui le plan sur lequel l'homme devrait se développer.

Si le retour à la normale est lié à un fait déterminé et unique, c'est-à-dire la concentration de l'enfant en une activité motrice, qui le met en rapport avec la réalité extérieure, on peut bien supposer qu'à l'origine de toutes les déviations, il n'y a, également, qu'une raison : c'est que l'enfant n'a pu réaliser le plan primitif de son développement à l'âge de sa formation, quand l'incarnation devait faire éclater son énergie en puissance.

La possibilité de réduire une multitude de conséquences à un fait unique, simple et clair, démontre que leur origine se place à une période primitive de la vie, où l'homme est encore un embryon spirituel ; et l'unique, l'imperceptible cause peut déformer tout l'être qui en dérive.

Les fuites

Pour arriver à interpréter les déviations, ii faut se souvenir que, dans le concept de l'incarnation, l'énergie psychique doit s'incarner dans le mouvement et constituer la personnalité agissante. Si l'unité n'a pu se réaliser à cause de la substitution de l'adulte à l'enfant, ou à cause du manque de motifs d'activité dans l'ambiance, les deux éléments sont forcés de se développer séparément ; il en résulte l'homme déséquilibré.

Si, dans la nature, rien ne se crée, rien ne se perd, il faut bien que les énergies se développent, ce qu'elles font en dehors du but assigné par la nature ; elles se développent en déviant : l'intelligence, qui aurait dû se construire à travers les expériences du mouvement, fuit vers la fantaisie. Elle vagabonde entre des images et des symboles. Les enfants qui présentent ces caractères font preuve d'une mobilité continuelle, irréprimable, désordonnée et sans but ; leurs actions restent incomplètes, parce que l'énergie passe à travers eux sans pouvoir se fixer. L'adulte punit leur turbulence, ou bien la tolère patiemment, mais il admire et encourage cette fantaisie en 1a considérant comme de l'imagination, de la fécondité, de l'intelligence enfantine. Il faut remarquer qu'une partie du matériel de Frœbel favorise le développement de ce symbolisme. Il incite l'enfant à découvrir dans les petits cubes et dans les barres, réunis de façons différentes, des ressemblances avec des chevaux, ou avec des châteaux ou avec des trônes de princes. En fait, le symbolisme de l'enfant l'amène à se servir de certains objets comme de boutons électriques, qui déclenchent le mirage fantastique de l'esprit : un bâton est un cheval ; une chaise est un train, un crayon un avion. Et voilà pourquoi les jouets offerts aux enfants ne permettent pas une activité réelle, mais ne font naître en eux que des illusions. Et ce ne sont que des images impar faites et stériles de la réalité.

Les jouets semblent, en effet, être la représentation d'une ambiance inutile, qui ne peut conduire à aucune concentration de l'esprit et ne présente aucun but. C'est tout simplement donner des objets à un esprit pour favoriser son vagabondage dans l'illusion. Et l'activité des enfants s'éveille aussitôt, comme si un souffle animateur faisait naître une petite flamme dans un brasier qui couvait sous la cendre. Mais cette petite flamme s'éteint et le jouet est répudié. Les jouets sont pourtant tout ce que l'adulte a trouvé pour l'esprit de l'enfant, en cherchant à lui donner un matériel où il pût exercer librement son activité. L'adulte, en effet, ne laisse l'enfant libre que dans ses jeux, et même seulement avec ses jouets. Il est convaincu que ceux-ci constituent l'univers dans lequel l'enfant trouve le bonheur. Et il n'est jamais sorti de là ; l'enfant se fatigue facilement des jouets, souvent, les casse, mais l'adulte est resté généreux et libéral sur ce chapitre, donnant à leur distribution la valeur d'un rite. C'est l'unique liberté que le monde des adultes ait concédé à l'homme, à l'âge vénérable de l'enfance, à l'époque où devraient se fixer les racines de la vie supérieure. Ces enfants déviés sont considérés, surtout à l'école, comme très intelligents, mais indisciplinés et désordonnés. Dans nos ambiances, ils se firent tout à coup sur un travail ; alors, le vagabondage d'esprit et le désordre des mouvements disparaissent à la fois, en un enfant calme et serein, pris par la réalité, opère son élévation dans le travail. Le retour à l'état normal est en train de s'accomplir. Les organes moteurs sont sortis du chaos à l'instant où ils ont réussi à obéir à leur guide intérieur. Dès lors, ils deviennent l'instrument d'une intelligence avide de connaître et de pénétrer la réalité de l'ambiance. Ainsi, la curiosité errante se transforme en un effort pour acquérir des connaissances.

La psychanalyse a reconnu le côté anormal de l'imagination et du jeu et, dans une lumineuse interprétation, les a rattachés aux « fuites psychiques ». Fuir, c'est se sauver ; c'est se réfugier et, souvent, se soustraire à une tyrannie ; ou bien, c'est une défense subconsciente du moi qui fuit une souffrance et un danger, et qui se cache sous un masque.

Les barrières

Les maîtres constatent que les enfants à imagination vive ne sont pas, comme on aurait pu s'y attendre, parmi ceux qui réussissent le mieux à l'école. Ils réussissent rarement, ou pas du tout. Personne, pourtant, ne se doute que leur intelligence est déviée ; on pense simplement qu'un esprit créateur ne peut s'adapter à l'existence pratique. C'est la preuve la plus évidente que, chez l'enfant dévié, il y a une *diminution d'intelligence*, puisqu'il n'est pas en possession de celle-ci et qu'il ne peut être maître de son développement. C'est le cas, non seulement quand l'intelligence a fui vers le monde des illusions, mais encore quand elle est reprimée ou éteinte par le découragement ; c'est-à-dire réfugiée au dedans de l'être.

Le niveau de l'intelligence moyenne des enfants déviés est inférieur à celui de l'intelligence des enfants revenus à la normale. La faute en incombe aux déviations qu'on pourrait comparer — imparfaitement — à des luxations ; on conçoit la délicatesse du traitement qui serait nécessaire pour replacer l'enfant dans la norme. On emploie, au contraire, l'agression directe dans l'enseignement intellectuel, aussi bien que dans la correction du désordre. Une intelligence déviée ne peut être contrainte à un travail forcé sans rencontrer, ou même, sans provoquer un phénomène psychologique de défense.

Il ne s'agit pas de cette défense connue désormais en psychologie et qui est rattachée aux actes extérieurs, telle que la désobéissance ou la paresse. C'est, au contraire, une défense psychique tout à fait indépendante de la volonté ; c'est un phénomène absolument inconscient qui empêche de recevoir et de comprendre. Les psychanalystes l'ont appelé du nom éloquent de *barrière psychique*. Les autres devraient les connaître. C'est une espèce de rideau qui descend sur l'esprit de l'enfant et le rend toujours plus sourd et plus aveugle psychiquement. C'est comme si le subconscient disait au monde extérieur : « Vous parlez, mais je n'écoute pas ; vous répétez, mais je n'entends pas. Je ne peux construire mon univers, parce que je suis en train de construire une muraille de défenses, afin que vous ne puissiez plus pénétrer. »

Cette œuvre lente de défense prolongée amène l'enfant à agir comme si ses facultés naturelles étaient perdues ; et il n'est plus question de bonne ou mauvaise volonté. Les maîtres, en présence d'enfants qui ont des barrières psychiques, les jugent peu intelligents, incapables de comprendre certaines matières, telles que les mathématiques, ou enregistrent une impossibilité à corriger leur orthographe. Si les barrières s'opposent à beaucoup de matières scolaires ou même à toutes, on peut prendre des enfants intelligents pour des déficients ; et quand ils ont redoublé plusieurs fois leurs classes, ils risquent d'être relégués définitivement avec les enfants arriérés.

Le plus souvent, la barrière psychique n'est pas impénétrable ; mais elle s'entoure de défenses avancées, connues en psychanalyse sous le nom de « répugnances ». Répugnance à une discipline particulière, et puis répugnance à un genre d'études, à l'école, à la maîtresse, aux camarades. Il n'y a plus d'amour ni de cordialité, jusqu'au moment où l'enfant en arrive à avoir peur de l'école ; et alors, il est complètement isolé.

Rien n'est plus courant que de porter toute sa vie le poids d'une barrière psychique construite dans l'errance. La répugnance caractéristique que beaucoup d'individus conservent toute leur vie pour les mathématiques en est un exemple ; cela ne se borne pas à une incapacité à comprendre : un obstacle intérieur se dresse au seul nom de la matière en question et suscite la fatigue avant de permettre à l'activité de s'exercer.

J'ai connu une petite jeune fille italienne, assez intelligente, qui faisait des fautes d'orthographe vraiment inconcevables, étant donné son âge et sa culture. Toute tentative de correction était inutile. Les exercices semblaient augmenter les fautes. La lecture des classiques restait sans effet. Un jour, à ma grande stupéfaction, je la vis écrire en un italien correct et pur. Il est certain que le langage correct existait en elle. Mais une force occulte le gardait prisonnier et projetait à l'extérieur une pluie d'erreurs.

Guérisons

On pourrait se demander lequel des deux phénomènes de déviation — fuites ou barrières — est le plus grave. Dans nos écoles, les fuites dans l'imagination et dans le jeu se sont montrées les plus faciles à guérir. En effet, si quelqu'un fuit d'un endroit parce qu'il n'y a pas trouvé ce dont il avait besoin, on peut toujours le faire revenir en changeant les conditions de l'ambiance.

Un des phénomènes le plus souvent observés dans nos écoles est la rapidité des transformations de ces enfants désordonnés et violents, qui semblent brusquement revenir d'un monde lointain. La transformation du désordre en travail n'est pas seulement une apparence extérieure ; c'est un changement profond qui se présente sous un aspect de sérénité et de satisfaction. Les déviations disparaissent comme spontanément ; c'est une transformation naturelle ; et pourtant, si la déviation n'avait été redressée pendant l'enfance, elle pouvait accompagner l'individu pendant toute sa vie. Bien des adultes, dont on croit l'imagination riche, n'ont, en réalité, que des sentiments vagues et ne font qu'effleurer des réalités sensorielles. Ce sont des personnes dites à tempérament imaginatif, qui sont désordonnées, admirant facilement la lumière, le ciel, les couleurs, les fleurs, les paysages, la musique, et sensibles aux choses de la vie comme à un roman. Mais elles n'aiment pas réellement la lumière qu'elles admirent, et seraient incapables de s'arrêter un instant pour la connaître ; les étoiles inspiratrices ne sauraient retenir leur attention pour leur enseigner la moindre connaissance astronomique. Elles ont des tendances artistiques, mais aucune production artistique ne vient d'elles, parce qu'aucun approfondissement technique ne leur est possible. Elles ne savent généralement que faire de leurs mains ; ne peuvent ni les tenir tranquilles ni les faire agir ; elles touchent nerveusement aux choses et, souvent, les cassent, déchirent distraitement les fleurs tant admirées, et ne peuvent rien créer de beau, ne sachant où trouver la poésie réelle du monde. Elles sont perdues si personne ne les sauve, puisqu'elles confondent leur faiblesse organique, leur incapacité, avec un état supérieur. Cet état, qui prédispose à de véritables maladies psychiques, a ses origines aux racines mêmes de la vie ; à l'âge où la confusion est le plus facile, et où la vie entravée provoque des déviations, imperceptibles au début.

Par contre, les barrières sont beaucoup plus dures à vaincre, même chez des enfants petits. Il s'agit d'une construction intérieure qui ferme l'esprit et le cache pour le défendre au monde. Un drame occulte se développe derrière ces barrières multiples qui, le plus souvent, isolent de tout ce qui est beau, de tout ce qui apporterait richesse et bonheur : l'étude, les secrets de la science et des mathématiques, les finesses fascinantes d'une langue immortelle, la musique : de tout ce qui est, désormais, « l'ennemi » dont il faut se défendre. Une singulière transformation de l'énergie projette des ténèbres qui recouvrent tout ce qui serait un objet d'amour et de vie. Les études sont un ennui et donnent une aversion pour le monde, au lieu de préparer à y participer.

Les barrières ! Ce mot suggestif fait penser aux défenses dont l'homme avait entouré le corps de l'enfant, avant que l'hygiène n'ait indiqué une manière de vivre plus saine. Les hommes l'avaient défendu du soleil, de l'air et de l'eau, en le mettant à l'abri de murs imperméables à la lumière, en fermant des fenêtres déjà trop petites, en le couvrant de lourdes robes superposées comme des pelures d'oignon, interdisant aux pores de la peau les échanges de l'air purificateur. L'ambiance physique était une véritable barricade contre la vie.

On voit également, sur le plan social, des phénomènes qui font penser aux barrières. Pourquoi les hommes s'isolent-ils les uns des autres ? Pourquoi chaque groupe familial « s'enferme-t-il » avec une telle répugnance envers les autres groupes ? La famille ne s'isole pas pour jouir d'elle-même, mais pour se séparer des autres. Ce ne sont pas des murailles élevées pour garder l'amour. Ce sont des défenses insurmontables, plus puissantes que les murs de la maison, de même que celles qui séparent les castes sociales et les nations.

Les frontières internationales ne sont pas destinées à grouper des individus unis et uniformes, à les garder libres, à les défendre contre le danger. C'est une anxiété d'isolement qui renforce chaque jour ces barrières de nation à nation, entrave la circulation des individus et de leurs produits.

Pourquoi agir ainsi, puisque la civilisation se fait à travers l'échange ? Les barrières sont, sans doute, pour les nations aussi, un phénomène psychique qui est la conséquence d'une grande souffrance, d'une grande violence. La douleur s'est organisée ; et elle a été si immense, que la vie des nations s'est contractée derrière des barrières toujours plus terribles et plus enracinées.

L'attachement

Certains enfants obéissants, dont les énergies psychiques ne sont pas assez puissantes pour fuire, s'attachent à l'adulte, qui substitue son activité à la leur ; ils vivent ainsi dans son entière dépendance. Le manque d'activité est cause qu'ils se plaignent toujours de quelque chose ; ils ont l'air de petits souffreteux, et sont considérés comme des êtres délicats dans leurs sentiments, et sensibles dans leurs affections. Ils s'ennuient sans le savoir, et ont recours aux adultes parce qu'ils ne sont pas capables d'échapper à l'ennui qui les opprime. Ils s'attachent toujours à quelqu'un, comme si leur vitalité dépendait des autres. Ils demandent à l'adulte de les aider, de jouer avec eux, de leur raconter des histoires, de leur chanter des chansons, de ne jamais les laisser seuls. L'adulte devient l'esclave de ces enfants-là. Ils semblent se comprendre et s'aimer, mais une obscure dépendance les enchaîne tous deux. De continuels « pourquoi » se suivent, comme poussés par une angoisse de connaître ; mais, en observant bien, on s'aperçoit que les questions se succèdent avant même d'avoir reçu leur réponse. Ce qui paraît être une curiosité de savoir est, en réalité, chez ces enfants, un moyen de tenir en haleine la personne dont ils ont besoin pour les soutenir. Celle-ci trouve d'ailleurs facile de substituer sa propre volonté à celle de l'enfant qui cède docilement ; et ainsi, l'enfant sombre dans ces dangers successifs que sont l'inertie, l'oisiveté, la paresse.

Un tel état de choses, que l'adulte accueille favorablement parce qu'il ne contrarie pas sa propre activité, est, en réalité, l'extrême limite que peut atteindre cette déviation.

Qu'est-ce que la paresse ? C'est une dépression survenue dans l'organisme spirituel. C'est, si l'on veut, la déchéance des forces physiques chez un être gravement malade ; au point de vue psychique, c'est la dépression des énergies vitales et créatrices. L'adulte a fait rétrograder l'enfant, lui a imposé ses aides inutiles, s'est substitué à lui ; il l'a suggestionné et a éteint son âme sans s'en apercevoir.

La possession

Il existe, aussi bien chez le tout petit enfant que chez l'enfant redevenu normal, cet élan qui l'incite à faire l'effort d'agir lui-même. Son attirance pour l'ambiance n'est pas chose indifférente ; c'est un amour pénétrant, un besoin vital qu'on pourrait comparer à la faim. L'être qui a faim est poussé par une force qui lui fait chercher sa nourriture. Ce n'est pas par un raisonnement logique ; il ne se dit pas : « Il y a longtemps que je n'ai mangé ; sans manger, on ne peut être fort, ni vivre ; il est donc nécessaire que je cherche des aliments et que je les mange ! » Non, la faim est une souffrance qui pousse irrésistiblement vers l'aliment. L'enfant éprouve cette espèce d'appétit qui l'entraîne vers l'ambiance pour y chercher les éléments capables de nourrir son esprit, et l'activité le nourrit. « Comme des enfants nouveau-nés, nous aimons le lait spirituel. » C'est dans cet élan, dans cet amour, que se trouve la caractéristique de l'homme.

L'élan qui pousse l'enfant à aimer l'ambiance l'entraîne à une activité constante, entretient un feu continu, comparable à la combustion des éléments du corps en contact avec l'oxygène, et qui conserve la tiédeur douce et naturelle du corps vivant.

Sans cette possibilité de vie psychique, tout reste faible chez l'enfant, tout dévie, se ferme ; il devient cet être impénétrable, énigmatique, vide, incapable, capricieux, ennuyé, hors la société. Son attention n'est attirée que par « les choses » qu'il désire posséder ; voilà qui est facile et, pour cela, la lumière intellectuelle et l'amour deviennent bien inutiles ! L'énergie dévie : « Je veux », dit l'enfant en voyant une montre en or sur laquelle il ne sait pas lire l'heure. « Non, c'est moi qui la veux », dit un autre enfant, prêt à la casser et à la rendre inutilisable, à seule fin de la posséder. Et c'est ainsi que commencent la compétition et la lutte destructrice.

Presque toutes les déviations morales sont les conséquences de ce premier pas qui doit décider entre l'amour et la possession, et qui peut conduire à deux chemins divergents avec toute la force de la vie. L'activité de l'enfant se projette à l'extérieur comme les tentacules d'une pieuvre, pour étreindre et détruire les objets saisis par un autre. Le sentiment de la propriété l'attache aux choses et les lui fait défendre comme il défendrait sa propre personne.

Les enfants plus forts se battent avec d'autres pour garder ce qui leur appartient. Ils se querellent continuellement entre eux, parce qu'ils veulent posséder le même objet et parce que chacun désire celui de l'autre ; et voilà l'origine de réactions bien différentes de l'amour, et dont l'explosion engendre la lutte et la guerre *pour un rien*. Ce n'est pas, en réalité, pour un rien ; c'est pour un fait très grave : il y a déplacement, obscurcissement de ce qui devait être ; il y a une énergie déviée. C'est donc un mal intérieur et non l'objet convoité qui fait agir.

On a tenté une espèce d'éducation morale en exhortant l'enfant à ne pas s'attacher ainsi aux choses extérieures ; et cet enseignement se base sur le respect de la propriété d'autrui. Mais quand l'enfant en est arrivé là, c'est qu'il a déjà passé le pont qui sépare l'homme de la grandeur de sa vie intérieure ; et c'est pour cela qu'il concentre son désir sur les choses extérieures. Le germe s'est si bien insinué dans son âme qu'on le considère comme un caractère propre à la nature humaine.

Les enfants au caractère soumis ont une manière différente de « posséder », qui n'est pas belliqueuse. Ils accumulent et cachent des objets, ce qui les fait passer pour des collectionneurs. La véritable collection est pourtant bien différente, qui classe les objets au moyen de connaissances. Il s'agit ici, au contraire, d'enfants qui accumulent les objets les plus divers, et qui n'ont que faire des uns ni des autres. La pathologie décrit une manie de collectionner, vide et illogique, déterminée par une anomalie psychique. On ne la trouve pas seulement chez des hommes dont l'esprit est malade, mais aussi chez des enfants délinquants qui ont souvent les poches pleines d'objets inutiles et disparates. La manie qu'ont des enfants faibles de caractère de collectionner est un peu du même genre, mais on la trouve tout à fait normale. Si quelqu'un leur prend les objets ainsi accumulés, ces enfants se défendent comme ils peuvent. Le psychanaliste Adler compare ces manifestations à l'avarice qu'on trouve chez l'adulte, et que l'on peut déceler en général chez l'enfant. Ce phénomène par lequel l'homme s'attache à des choses qu'il ne veut pas céder, même si elles lui sont inutiles, est un poison étranger à l'équilibre fondamental.

Les parents se complaisent à voir leurs enfants défendre leur bien. Ils y reconnaissent la nature humaine, le lien qui les rattache à la vie sociale ; et les enfants conservateurs et accumulateurs sont des images de l'humanité intelligibles à la société.

Le pouvoir

Un autre caractère de déviation, qui s'associe au désir de possession, est le désir du pouvoir. Il y a une sorte de pouvoir, acquis par l'instinct de domination, qui consiste à prendre possession du monde extérieur, grâce à l'amour de l'ambiance.

Mais le pouvoir est une déviation quand, au lieu d'être le fruit de conquêtes qui édifient la personnalité, il consiste à s'emparer des choses.

L'enfant dévié se trouve devant l'adulte, qui est pour lui l'être puissant par excellence, qui dispose de toutes choses. Il comprend que son pouvoir serait grand, s'il pouvait agir à travers lui. Et alors, il commence une campagne d'exploitation, pour obtenir de l'adulte bien plus que ce qu'il pourrait se procurer par lui-même. Ce processus est parfaitement compréhensible ; il s'insinue fatalement chez tous les enfants, si bien qu'il est considéré comme le fait le plus courant et le plus difficilement corrigible : c'est le caprice classique ; il est logique et naturel qu'un être faible, incapable et prisonnier, ayant découvert qu'il pouvait contraindre un être puissant et libre à lui procurer des avantages, cherche à les obtenir. Et l'enfant commence à avoir des exigences supérieures à celles que l'adulte trouverait équitables. En fait, ce désir est sans limites. L'enfant déraisonne ; pour lui, l'adulte est le géant qui pourrait réaliser les désirs de ses rêves flottant dans une atmosphère éblouissante. Un tel sentiment a sa pleine réalisation dans les contes de fées qui reflètent le roman de l'âme enfantine. Dans ces histoires, les enfants entendent exalter de façon attrayante leurs désirs obscurs. Quand on a recours aux fées, on peut obtenir des faveurs qui dépassent fantastiquement les puissances humaines. Il y a de bonnes et de méchantes fées ; il y en a des jolies et des laides. On peut les rencontrer sous l'aspect de pauvres femmes ou de personnes riches ; il y en a dans les bois comme dans les palais enchantés. Cela semble exactement la projection idéalisée de l'enfant vivant au milieu des adultes. Il y a des fées vieilles comme les grand-mères, et jeunes et belles comme les mamans ; il y a des fées habillées de haillons et des fées vêtues d'or, comme il y a des mamans pauvres et des mamans riches, avec de splendides robes de soie, et toutes gâtent les enfants. L'adulte, aussi bien misérable qu'orgueilleux, est toujours un être puissant, par rapport à l'enfant, si bien que celui-ci commence dans la réalité de la vie cette exploitation qui se termine dans une lutte, en principe douce, parce que l'adulte se laisse vaincre et qu'il cède, pour avoir le plaisir de voir son enfant heureux et satisfait.

Oui, l'adulte empêchera son enfant de se laver les mains seul, mais il le soutiendra certainement dans sa manie de possession. Pourtant, l'enfant, après une première victoire, en cherchera une seconde. Et plus l'adulte cède, plus l'enfant est exigeant ; et l'amertume succède à l'illusion que s'était faite l'adulte de le voir satisfait. Et, comme le monde matériel a des limites rigoureuses, alors que l'imagination erre à l'infini, le moment arrive du choc, de la lutte violente. Et le caprice de l'enfant devient la punition de l'adulte. D'ailleurs, celui-ci se reconnaît tout de suite coupable et dit : « J'ai gâté mon enfant. »

L'enfant soumis a aussi sa manière de vaincre : il agit par la tendresse, la plainte, la prière ; par sa mélancolie, les attraits de sa grâce, auxquels l'adulte cède, jusqu'à ce qu'il ne puisse plus donner ; alors, arrive cette insatisfaction, qui amène toutes les déviations. L'adulte réfléchit ; il s'aperçoit enfin qu'il a maladroitement traité son enfant, jusqu'à avoir développé des vices ; et il cherche comment faire machine arrière pour le redresser.

Mais on sait que rien ne peut corriger le caprice de l'enfant ; aucune exhortation, aucune punition n'est efficace. C'est comme si l'on faisait un discours à un homme qui aurait la fièvre, pour lui démontrer qu'il vaut mieux être bien portant, en le menaçant du bâton pour faire tomber la température.

Non, non ! Ce n'est pas quand il a cédé à l'enfant que l'adulte l'a gâté ; c'est quand il l'a empêché de vivre et qu'il l'a fait dévier.

Le complexe d'infériorité

L'adulte qui croit son enfant beau et parfait, qui met en lui son propre orgueil et son espoir en l'avenir, est, en même temps, la proie d'une force occulte qui le pousse à lui manifester du mépris. Ce n'est pas seulement la conviction que « l'enfant est vide », que « l'enfant est méchant », qui lui fait penser qu'il doit combler le vide et corriger l'enfant. Non, c'est bien le « mépris de l'enfant », qu'il éprouve, et aussi le sentiment que cet enfant faible, qui est devant lui, est vraiment un enfant, c'est-à-dire un être sur lequel l'adulte peut tout. Il a même le droit de lui montrer ses sentiments inférieurs, qu'il aurait honte d'extérioriser devant la société des adultes. L'avarice, le besoin de tyrannie et d'absolutisme font partie de ces tendances obscures.

Ainsi, la lente et continue démolition de la personnalité enfantine se poursuit sous le camouflage de l'autorité paternelle. Quand l'adulte voit un enfant bouger un verre, il tremble à l'idée que celui-ci pourrait être cassé ; à cette minute, l'avarice lui fait considérer ce verre comme un trésor et, pour le protéger, il empêchera l'enfant de bouger. Peut-être cet adulte est-il un homme riche, qui veut thésauriser pour laisser son fils plus riche encore. Mais, à ce moment-là, cet homme attribue une telle valeur au verre, qu'il cherche d'abord à le sauver. Il se dit, en outre : « Pourquoi cet enfant met-il ce verre ainsi, puisque je l'avais mis autrement ? Je ne représente donc plus l'autorité ? » Et pourtant, cet adulte serait capable d'accomplir un acte d'abnégation envers cet enfant. Il rêve de le voir triompher un jour ; il le voudrait puissant et célèbre. Mais, à cet instant, c'est le besoin d'autorité qui sévit et le pousse à surveiller un objet sans valeur.

Si un serviteur faisait ce geste, le père sourirait ; et si un invité cassait un verre, il s'empresserait de lui assurer que cela n'a pas d'importance, que le verre n'avait aucune valeur, etc... L'enfant doit donc percevoir avec une continuité désespérante qu'il est le seul individu dangereux pour les objets et, par conséquent, le seul à ne pouvoir les toucher : il est un être inférieur, un bon à rien.

Il existe un autre complexe qu'il faut considérer dans la construction intérieure de l'enfant : celui-ci n'a pas seulement besoin de toucher aux objets et de travailler avec eux, mais le fait d'exécuter une succession d'actes a une très grande importance pour la construction intérieure de sa personnalité. L'adulte n'observe plus un ordre dans la succession des actes ordinaires de la vie quotidienne, car il la domine depuis longtemps ; elle est liée à sa propre existence ; quand l'adulte se lève, le matin, il sait qu'il doit accomplir tel et tel acte et il les exécute comme la chose la plus simple du monde. C'est devenu pour lui un automatisme ; il n'a plus besoin de s'en occuper ; aussi bien, il respire sans y penser, son cœur bat sans qu'il s'en aperçoive. L'enfant, par contre, a besoin de construire ses bases. Mais on ne le laisse jamais établir un plan d'actions suivi ; s'il est en train de jouer, l'adulte arrive et considère qu'il est l'heure d'aller se promener : il l'habille et l'emmène ; ou bien, pendant que l'enfant accomplit un petit travail, tel que de remplir un seau de sable, un ami de sa maman arrive et celle-ci vient chercher l'enfant, lui faisant lâcher son travail pour le montrer au nouveau venu.

Toujours intervient cet être puissant, qui dispose de sa vie sans jamais le consulter, sans considération pour aucun de ses actes, alors qu'en sa présence, l'adulte n'interrompt pas un autre adulte, fût-ce un domestique, sans lui dire : « Faites-moi le plaisir... » — « Si vous pouviez... » L'enfant a donc le sentiment qu'il est autrement fait que les autres, et qu'une infériorité particulière le place au-dessous du reste du genre humain.

Or la succession des actes, en relation avec un plan intérieur préétabli, est extrêmement importante. Un jour, l'adulte expliquera à l'enfant que l'on est responsable de ses propres actes ; mais la première base de cette responsabilité est un plan établissant la relation entre ces actes, puis un jugement sur leur signification. L'enfant comprend seulement que tout ce qu'il fait est insignifiant. Le père se plaint de ne pas réussir à susciter chez son enfant ce sentiment de responsabilité et de domination de soi ; mais c'est lui qui a brisé, point par point, la continuité des actes de son enfant, en même temps que le sentiment de sa dignité.

Pour assumer une responsabilité quelconque, il faut avoir l'assurance que l'on est maître de ses propres actions et avoir confiance en soi. Le découragement le plus profond est celui qui naît de la conviction de « ne pas pouvoir ».

Supposons qu'un enfant paralysé et un autre, ingambe, soient en compétition dans une course ; le paralysé n'essayera même pas de courir ; si, dans un match de boxe, un habile géant se trouvait en face d'un petit homme inexpert, celui-ci ne consentirait pas à se battre. On détruit la possibilité de l'effort avant que de mettre celui-ci à l'épreuve ; on apporte le sentiment de l'impuissance, avant que d'avoir laissé « essayer ».

Rien n'éteint chez l'enfant le désir de l'effort, comme l'humiliation qu'il éprouve devant la force de l'adulte. Celui-ci ne se contente pas d'empêcher l'enfant d'agir, mais encore, il lui dit : « Tu ne *peux* pas faire cela ; il est inutile que tu essayes », ou bien encore : « Imbécile ! pourquoi veux-tu essayer ? Tu ne vois donc pas que tu n'en es pas capable ? »

Cette façon d'agir ne s'attaque plus seulement au travail ou à la succession des actes, mais à la personnalité même de l'enfant. Ce procédé enracine dans l'âme de l'enfant la conviction que, non seulement ses actes n'ont aucune valeur, mais que sa personnalité elle-même est inapte et incapable. C'est ainsi que surviennent le découragement, le manque de confiance en soi.

Quand quelqu'un de plus fort que nous nous empêche d'exécuter un projet, nous pouvons toujours penser qu'il viendra quelqu'un de plus faible, devant qui nous pourrons recommencer. Mais si l'adulte persuade l'enfant qu'il n'a aucune possibilité en lui, il s'ensuit une timidité, une espèce d'apathie et une crainte qui deviennent, par la suite, constitutionnelles ; ce sont toutes ces choses réunies qui construisent cet « obstacle intérieur » que la psychanalyse appelle « complexe d'infériorité ».

C'est un obstacle qui peut rester permanent et qui empêche de prendre part aux épreuves sociales et quotidiennes de la vie.

A ce complexe se rattachent la timidité, l'incertitude, le manque de persistance devant les difficultés et les critiques ; les extériorisations du désespoir et les larmes accompagnent toutes ces situations pénibles.

Au contraire, chez « l'enfant normal », la confiance est précisement un des caractères les plus stupéfiants. Il sait ce qu'il entreprend, et il domine si bien la succession des gestes nécessaires à son entreprise, qu'il l'effectue avec simplicité, sans avoir l'impression qu'il a réalisé quelque chose d'extraordinaire.

La peur

La peur est une autre déviation que l'on a coutume de considérer comme un caractère naturel de l'enfant. Quand on dit qu'un enfant est peureux, on pense à cette peur qui vient d'une perturbation profonde, indépendante des conditions de l'ambiance et qui, comme la timidité, fait partie du caractère.

Il y a des enfants soumis qui sont comme enveloppés par la leur. D'autres, forts et actifs, peuvent, bien que souvent courageux devant le danger, subir des peurs mystérieuses, illogiques et invincibles. Ce sont les conséquences de fortes impressions reçues dans le passé : la peur de traverser une rue, la peur de trouver un chat sous son lit, la peur de rencontrer une poule, sont des états voisins de la phobie, et que la psychiatrie a étudiés chez l'adulte. Ces formes de la peur existent tout particulièrement chez les enfants qui « dépendent de l'adulte » ; celui-ci profite de l'état nébuleux de la conscience enfantine pour y imprimer artificieusement des terreurs qui agissent dans les ténèbres, afin d'obtenir l'obéissance. Et c'est une des défenses les plus néfastes de l'adulte contre l'enfant, car elle aggrave la peur naturelle qui peuple la nuit d'images terrifiantes.

Tout ce qui met l'enfant en rapport avec la réalité et qui autorise son expérience lui apporte l'intelligence des choses et éloigne l'état perturbateur de peur.

Un des résultats les plus clairs acquis dans nos écoles est de prévenir la peur subconsciente et, quand elle existe, de la supprimer.

Une famille espagnole avait trois filles, dont deux déjà grandes ; la troisième, plus petite, fréquentait une de nos écoles. Quand il y avait un orage la nuit, la petite était la seule qui n'avait pas peur, et c'est elle qui conduisait, à travers la maison, ses sœurs qui se réfugiaient dans la chambre de leurs parents. Comme elle était inaccessible à la peur mystérieuse, sa présence était un véritable soutien pour ses aînées. Si, comme il arrivait parfois durant la nuit, l'obscurité agitait les grandes filles, celles-ci avaient recours à la petite pour vaincre leur malaise.

« L'état de peur » est différent de la peur, instinct normal de conservation. Cette dernière est moins fréquente chez les enfants que chez les adultes. Et ce n'est pas seulement parce que les enfants ont moins l'expérience des dangers extérieurs, mais il semble que, chez l'enfant, le courage à affronter le danger est, en proportion, beaucoup plus développé que chez l'adulte.

Les enfants s'exposent fréquemment au danger ; c'est ainsi que les enfants des villes s'agrippent aux véhicules ou que, dans les campagnes, ils grimpent aux arbres ou descendent dans des précipices ; ils s'élancent impétueusement à la mer ou dans les fleuves, et apprennent à nager à leurs propres risques. On ne compte pas les cas d'héroïsme d'enfants qui sauvent ou tentent de sauver des camarades. Je citerai l'exemple de l'incendie d'un hospice de Californie, qui abritait un service pour enfants aveugles ; on retrouva des corps d'enfants non aveugles qui vivaient dans une autre partie de l'établissement et qui, au moment du danger, étaient allés sauver des camarades.

Dans les associations d'enfants telles que les Boys Scouts, on trouve chaque jour des exemples d'héroïsme enfantin.

On pourrait se demander si le retour à l'état normal développe cette tendance qu'on rencontre fréquemment chez les enfants. Nous n'avons jamais eu d'épisode héroïque dsns nos expériences, si l'on excepte quelques désirs nobles, éloignés pourtant d'une véritable action héroïque. Mais le comportement réel et ordinaire de nos enfants est guidé par une « prudence » qui leur permet d'éviter les dangers et, par conséquent, de vivre au milieu d'eux. C'est ce qui leur a permis de se servir avec précocité de couteaux, à table et à la cuisine, de manier des allumettes, d'allumer le feu, de rester en liberté auprès d'un bassin ou de traverser une rue ; c'est-à-dire de pouvoir être téméraires, grâce au contrôle de leurs actes, tirant de cet enseignement une forme de vie sereine et supérieure.

Le retour à la vie normale ne consiste donc pas à se jeter au danger, mais à développer une prudence qui permette d'agir au milieu des dangers, en les connaissant et en les dominant.

Le mensonge

Les déviations psychiques, bien qu'elles puissent présenter des caractères particuliers à l'infini, sont comme ces rameaux d'une plante vigoureuse, qui prennent toujours naissance à la même racine profonde ; et c'est là que se trouve le secret unique de la « normalisation ». Or, la psychologie commune et l'éducation courante considéraient chacun de ces rameaux comme des défauts indépendants les uns des autres, que l'on devait étudier et affronter séparément. L'un des plus importants est le mensonge. Le mensonge est un véritable vêtement dont l'âme s'enveloppe et qui la cache. Et il y a quantité de sortes de mensonges ; chacun d'eux a une importance et une signification différentes. Il faut distinguer les mensonges normaux des mensonges pathologiques. L'ancienne psychiatrie s'est amplement occupée de ceux qui sont dus à l'hystérie, de ceux qui prennent de telles proportions que le langage devient un véritable entrelacs de mensonges. Les psychiatres ont attiré l'attention sur le mensonge inconscient des enfants devant les tribunaux pour mineurs et, en général, quand ils sont appelés à témoigner. Ce fut une révélation que « l'âme innocente » de l'enfant — presque synonyme de vérité (la vérité sort par la bouche de l'enfant) — pût faire de faux témoignages avec un tel accent de sincérité. Les psychologues de la criminalité reconnurent que ces enfants étaient sincères ; le mensonge, dû à une forme mentale de confusion, était aggravé par l'émotion.

Ces substitutions de faux au vrai, à l'état permanent ou épisodique, sont certainement très éloignées du mensonge normal de l'enfant qui essaye de se défendre consciemment. Il existe aussi, chez les enfants normaux et dans la vie courante, des mensonges qui n'ont aucun but de défense et qui peuvent être de véritables inventions ; ils proviennent du besoin de raconter des choses fantastiques qui peuvent passer pour vraies. Et cela, non pas dans l'intention de tromper, ni dans un but d'intérêt personnel ; c'est une véritable forme artistique, comme celle d'un acteur qui incarne un personnage.

Des enfants me racontèrent un jour que leur mère, ayant un invité à déjeuner, prépara elle-même des sucs végétaux riches en vitamines dans l'intention de faire de la propagande naturiste ; qu'elle était arrivée à faire une liqueur naturelle si exquise que ce monsieur était décidé à l'employer et à en répandre l'usage. Le récit était si détaillé et si intéressant que je priai la mère des enfants de bien vouloir me dire comment elle préparait son composé de vitamines. Mais cette dame me répondit qu'elle n'avait jamais pensé à rien préparer de ce genre. Voilà un exemple de pure création de l'imagination de l'enfant, traduit en un mensonge, sans autre but que de créer un roman.

Ces mensonges sont à l'opposé de ceux qui sont faits par paresse. Quelquefois, pourtant, le mensonge est la conséquence d'un raisonnement astucieux. J'ai connu un enfant de cinq ans que sa mère avait mis dans un collège. La gouvernante chargée du groupe d'enfants auquel il appartenait était particulièrement prise par sa mission, et pleine d'admiration pour lui. Au bout de quelque temps, l'enfant se plaignit à sa mère de cette gouvernante, exprimant quantité de griefs contre elle ; il la décrivait sévère à l'excès. La mère recourut à la directrice pour obtenir des éclaircissements, et l'on eut des preuves lumineuses de la grande affection de cette gouvernante pour l'enfant, qu'elle avait toujours comblé des soins les plus affectueux. La mère affronta donc son fils et lui demanda les motifs de ses mensonges. « Ce ne sont pas des mensonges, lui répondit l'enfant, mais je ne pouvais pas dire que c'était la directrice qui était méchante. »

Et ce n'était pas par manque de courage qu'il ne voulait pas accuser la directrice, mais plutôt par un certain respect des convenances.

Les enfants faibles, soumis, essayent, au contraire, de construire hâtivement des mensonges dans un réflexe de défense, sans la collaboration de leur intelligence, ni le moindre enjolivement de l'imagination. Ce sont les mensonges ingénus, improvisés et, par conséquent, les plus apparents, ceux contre lesquels combattent les éducateurs, en oubliant qu'ils représentent précisément la défense la plus claire contre l'adulte.

Le mensonge est un des phénomènes de la formation en rapport avec l'intelligence ; il est en construction dans l'enfance ; il s'organise avec l'âge, et constitue un élément important dans la société, jusqu'à devenir indispensable, décent et même esthétique, au même titre que les vêtements pour le corps.

Dans nos écoles, l'âme de l'enfant se dépouille de ses camouflages et se montre naturelle et sincère. Toutefois, le mensonge n'est pas de ces déviations qui disparaissent comme par miracle. C'est une reconstruction qui est plus nécessaire qu'une conversion, c'est-à-dire la clarté des idées, le sens de la réalité. La liberté de l'esprit et l'intérêt pour les choses élevées forment l'ambiance apte à reconstruire une âme sincère.

Mais si on analyse la vie sociale, on se rend compte qu'elle baigne dans le mensonge comme dans une atmosphère dont on ne pourrait la séparer sans bouleverser la société. En fait, beaucoup de nos enfants, qui ont passé dans des écoles secondaires ordinaires, ont été jugés effrontés et insubordonnés, uniquement parce qu'ils étaient plus sincères que les autres, et que certaines adaptations n'étaient pas développées chez eux. Et les professeurs ne se sont pas aperçus que la discipline et les rapports sociaux s'étant organisés sur le mensonge, la sincérité inconnue semblait bouleverser la base de l'éducation.

Une des plus brillantes contributions de la psychanalyse à l'histoire de l'âme humaine est l'interprétation des camouflages du subconscient. Ce sont ces camouflages de l'adulte, et non pas les mensonges de l'enfant, qui constituent la terrible tunique qui prend corps et qui devient comparable au plumage des oiseaux : c'est-à-dire un revêtement protecteur qui couvre, embellit et défend la machine vitale fonctionnant en-dessous. Le camouflage est le mensonge que l'homme construit en lui-même, pour pouvoir exister dans un monde avec lequel ses sentiments purs et naturels seraient en confiit. Et comme il n'est pas possible de vivre en conflit permanent, il faut bien que l'âme s'adapte. Un des camouflages les plus singuliers est celui de l'adulte envers l'enfant. L'adulte sacrifie les besoins de l'enfant aux siens ; mais comme il serait intolérable de le reconnaître, il se persuade qu'il exerce un droit de la nature et qu'il agit pour le bien de l'enfant. Quand le petit se défend, l'attention de l'adulte n'est pas attirée sur le véritable état de choses : il traite de désobéissance, de méchanceté tout ce que fait l'enfant pour sauver sa propre vie. Peu à peu, cette voix de vérité et de justice, déjà affaiblie, disparaît ; elle est remplacée par les camouflages brillants, solides, permanents de devoir, de droit, d'autorité, de prudence, etc. « Le cœur se solidifie, se fait de glace et brille comme une chose transparente. Contre lui, tout se brise... » — « ... Mon cœur est devenu pierre ; je le saisis et c'est ma main qui demeure blessée. » La magnifique image que place Dante dans l'abîme de l'Enfer, là où se réfugie la haine, c'est la glace. L'amour et la haine, ces deux états d'âme, peuvent être comparés à l'état liquide et à l'état solide de l'eau. Le camouflage, qui aide l'homme à s'adapter aux déviations organisées de la société, endurcit peu à peu en haine ce qui était amour.

C'est là le terrible mensonge caché dans les recoins du subconscient.

Réflexions sur la vie physique

On peut aligner une grande quantité de caractères qui découlent des déviations psychiques : certains d'entre eux peuvent sembler divergents, parce qu'ils s'adressent aux fonctions du corps ; mais un chapitre de la médecine, connu aujourd'hui grâce à la psychanalyse, constate que bien des dérangements physiques sont dus à une cause psychique. Certains de ces troubles ont plus particulièrement trait aux enfants : ce sont les troubles de la nutrition. Les enfants forts, actifs, sont sujets à une espèce de voracité qu'on peut difficilement traiter par l'éducation ou par l'hygiène. Ces enfants mangent plus que le nécessaire, irrésistiblement poussés par ce que l'on considère avec bienveillance comme un « bon appétit », tandis que des troubles digestifs et des états toxiques les atteignent presque toujours, malgré les traitements médicaux.

Depuis l'Antiquité, on a considéré comme un vice moral les folles tendances du corps à absorber des aliments au-delà des besoins, inutilement, de façon nuisible. Cet appétit dépend bien d'une sensibilité normale qui doit faire rechercher les aliments, mais qui devrait aussi les limiter au nécessaire, comme cela se produit chez tous les animaux dont la santé se fie à l'instinct de conservation.

De fait, la conservation de l'individu a deux aspects : éviter les périls de l'ambiance, alimenter l'individu. Chez les animaux, l'instinct prépondérant est celui qui, non seulement guide dans le choix de l'alimentation, mais en détermine les proportions. Il correspond précisément à un des caractères les plus significatifs chez toutes les races animales. Chaque espèce s'en tient à la mesure que la nature met en elle sous forme d'instinct. L'homme est seul à souffrir du « vice de gourmandise » qui, non seulement lui fait absorber une quantité excessive d'aliments, mais encore le pousse vers des substances qui sont de véritables poisons. Il faut que la sensibilité protectrice qui le guide vers la santé se soit perdue à l'apparition des déviations psychiques. On en trouve la preuve chez l'enfant dévié, chez qui le déséquilibre dans l'alimentation commence tout aussitôt.

Les mets invitent par leur apparence appétissante. Ils sont accueillis par le sens du goût, et la sensibilité de la conservation, atténuée ou disparue, ne retient plus l'individu. Quand nos enfants rétablis dans leur état normal ne se soucièrent plus de la gourmandise et cessèrent d'être voraces, ce fut pour nous une des démonstrations les plus impressionnantes. Ce qui les intéressait, c'était d'accomplir leurs gestes avec exactitude et de manger correctement. On eut peine à croire à cette résurrection de la sensibilité vitale : au début, on parla de conversion. Il fallut décrire minutieusement chaque scène, pour prouver la réalité de ce phénomène. De petits enfants, à l'heure d'un repas mérité, devant un plat bien alléchant, prenaient tout leur temps pour mettre convenablement leur serviette, regardaient les couverts pour se rappeler la façon précise de les tenir, ou aidaient un camarade plus petit. Et ils étaient quelquefois si minutieux dans ces soins, que le plat refroidissait. D'autres enfants étaient tristes, parce qu'ils avaient espéré servir à table, et qu'ils n'étaient choisis que pour la tâche la plus facile : celle de manger.

La correspondance entre les faits psychiques et l'alimentation se prouve par des faits inverses. Les enfants soumis ont une singulière et souvent invincible répugnance à absorber les aliments. Beaucoup de parents ont pu constater la difficulté qu'il y avait à nourrir certains enfants. Ceux-ci se refusent à prendre tout aliment ; et quelquefois d'une façon si impressionnante, qu'il naît une véritable difficulté pour la famille ou pour l'institution. C'est surtout frappant quand cela se produit chez des enfants pauvres et malingres qui devraient, logiquement, accueillir avec joie toute occasion de se nourrir. Ces phénomènes peuvent atteindre une réelle gravité ; il peut s'ensuivre des troubles physiques rebelles à tout traitement. Le refus de se nourrir ne doit pas être confondu avec la dyspepsie, c'est-à-dire avec un véritable état anormal des organes de digestion, d'où vient le manque d'appétit. Non, l'enfant ne veut pas manger pour une raison psychique. Dans certains cas, il se produit un geste de défense, quand on veut mettre un aliment dans sa bouche, ou quand on veut l'obliger à manger rapidement, c'est-à-dire selon le rythme de l'adulte. Le rythme de l'enfant est désormais reconnu par les pédiatres ; ceux-ci ont, en effet, observé que les enfants ne mangent pas tout l'aliment en une seule fois, mais font intervenir de longues pauses dans leur lent repas. On rencontre déjà chez les nourrissons ce rythme intermittent ; ceux-ci ne se détachent pas de la source de leur bien parce qu'ils sont rassasiés, mais pour se reposer, puis se remettent à la tâche. On peut, par conséquent, reconnaître la possibilité d'une défense, presque d'une barrière contre la violence avec laquelle l'enfant a été contraint de se nourrir, en dehors de ses lois naturelles. Il y a pourtant des cas où l'on ne peut invoquer cette défense. Il arrive que l'enfant n'ait pas d'appétit, presque constitutionnellement ; il est pâle, et aucun traitement, pas même la vie au grand air, le soleil, les cures marines, ne peuvent vaincre cette inappétance invétérée. Mais, près de lui, est un adulte opprimant, répressif, auquel l'enfant est très attaché ; un seul remède : éloigner l'enfant de la personne répressive ; le mettre dans une ambiance psychiquement libre et active, afin qu'il perde l'attachement qui déforme son esprit.

Il y a donc un rapport étroit entre la vie psychique et les phénomènes physiques les plus éloignés (croirait-on) de la pure psychie, tels que ceux qui ont trait à l'alimentation. L'Histoire Sainte raconte qu'Ésaü, pour une satisfaction de gourmandise, céda son droit d'aînesse, allant ainsi contre son intérêt, agissant sans intelligence. La gourmandise est, en effet, un des vices qui « affectent l'esprit ». La précision avec laquelle saint Thomas d'Aquin accuse les liens existant entre la gourmandise et les conditions intellectuelles est intéressante à relever. Il soutient que la gourmandise émousse le jugement et diminue, par conséquent, chez l'homme, la connaissance des réalités intelligibles. L'enfant soutient la thèse à rebours : c'est le trouble psychique qui engendre la gourmandise.

La religion considère ce vice comme une perturbation d'ordre spirituel. La psychanalyse — toute moderne et scientifique — appuie notre concept de la perte de l'instinct-guide, c'est-à-dire de la sensibilité de conservation. Elle l'interprète pourtant différemment et parle « d'instinct de la mort ». Elle reconnaît cette tendance naturelle de l'homme à avancer l'événement inévitable, à le faciliter, à en abréger le terme et à l'affronter par le suicide. L'homme se livre aux poisons avec l'alcool, l'opium, la cocaïne, dans un besoin irrésistible ; c'est-à-dire qu'il s'attache à la mort, il l'appelle, va à elle, au lieu de s'attacher à la vie et à la santé. Tout ne prouve-t-il pas la perte d'une sensibilité vitale intérieure qui devrait présider à la conservation de l'individu ? Si une semblable tendance était liée à la fatalité de la mort, elle devrait exister chez toutes les créatures. On peut plutôt dire que chaque déviation psychique conduit l'homme sur le chemin de la mort et le fait activer la destruction de ses principes de vie ; et ce penchant terrible apparaît déjà imperceptiblement dans la première enfance.

Les maladies peuvent toujours avoir leur faveur psychique, parce que la vie physique et la vie psychique sont solidaires. Mais une alimentation normale ouvre la porte à toutes les maladies. Quelquefois, pourtant, celles-ci sont de simples apparences dont la cause est exclusivement psychique ; ce sont des images de maladie et non des réalités. La psychanalyse a projeté une grande lumière quand elle a illustré la fuite dans la maladie. Les fuites dans la maladie ne sont pas des simulations : elles représentent des symptômes réels, des altérations de température, et de véritables troubles fonctionnels qui ont quelquefois une apparence grave. Ce sont pourtant des maladies qui n'existent pas, liées dans le subconscient à des faits psychiques qui arrivent à dominer les lois physiologiques. Le MOI réussit, par la maladie, à se soustraire à certaines situations ou obligations déplaisantes ; la maladie résiste à tous les traitements et ne disparaît qu'en libérant le MOI de la situation à laquelle il voulait se soustraire. J'ai assisté à des cas de cette espèce dans un institut religieux d'éducation qui réalisait des conditions d'hygiène excellentes. Et pourtant, il y avait des enfants malades à l'infirmerie ; quelques-uns avaient une fièvre persistante qui n'était pas facile à vaincre. Les maladies disparurent quand on abolit l'obligation d'assister à la première Messe du matin.

Comme les défauts moraux, beaucoup de maladies et d'états morbides disparaissent chez les enfants quand on les fait vivre dans une ambiance de libre activité.

Le mouvement

Il est nécessaire d'éclairer l'importance du mouvement dans la construction psychique de l'être.

On a commis une grave erreur en considérant le mouvement comme une des diverses fonctions du corps, sans distinguer son essence différente de la vie végétative, de la digestion, de la respiration, etc... On a même été jusqu'à penser que le mouvement était une aide au bon fonctionnement du corps : à la respiration, à la digestion, à la circulation. D'ailleurs, le mouvement, qui est la fonction caractéristique du monde animal, a aussi une influence sur les fonctions intérieures, c'est-à-dire celles de la vie végétative. Mais ce serait une erreur de croire que le mouvement doit se considérer d'un simple point de vue physique. Le sport, par exemple, n'a pas apporté seulement une meilleure santé, mais aussi le courage, la confiance en soi, une moralité plus élevée ; il a donné lieu à d'immenses enthousiasmes de foules, des enthousiasmes d'ordre psychique.

Les manifestations psychiques du tout petit enfant prouvent bien que sa croissance est active. Celle-ci est déterminée pas à pas par l'effort, par l'exercice individuel et par l'âge. Il est essentiel que l'enfant recueille les images et les maintienne avec clarté et ordre, pour que le MOI puisse construire son intelligence, éclairé par ses énergies intérieures. C'est à travers ce travail occulte que la raison se construit ; et c'est précisément ce qui distingue l'homme, être raisonnable ; l'individu qui jouit de la raison et du jugement jouit également de la volonté, et, quand on veut, on se meut.

L'adulte attend, d'habitude, que la raison se développe chez l'enfant avec le temps qui passe, c'est-à-dire avec l'âge qui avance. Et comme il n'a pas conscience des fatigues de l'enfant qui réalise sa croissance au moyen de son propre effort, il ne lui apporte aucune aide. Il attend l'apparition de cet être raisonnable pour le combattre, pour affronter sa raison. Il oppose des obstacles à sa volonté, quand celle-ci s'exprime par le mouvement.

Pour être compris dans son essence, il faut considérer le mouvement à travers l'incarnation fonctionnelle de l'énergie créatrice ; c'est lui qui élève l'homme à la hauteur de son espèce, en animant l'instrument au moyen duquel agit l'ambiance extérieure, lui permettant de poursuivre son propre cycle, d'accomplir sa propre mission.

Le mouvement n'est pas seulement l'expression du MOI, il est le facteur indispensable à la construction de la conscience, parce qu'il est le seul moyen tangible qui établisse des rapports clairs entre le MOI et la réalité extérieure. Par conséquent, le mouvement est le facteur essentiel dans la construction de l'intelligence qui se nourrit et vit des connaissances prises dans l'ambiance extérieure. Les idées abstraites elles-mêmes naissent du contact avec la réalité, et la réalité se saisit par le mouvement. Les idées les plus abstraites, comme celles de l'espace et du temps, sont conçues par l'esprit au moyen du mouvement. Celui-ci est donc le trait d'union entre l'esprit et le monde ; c'est l'instrument spirituel qui réalise doublement l'action : dans la conception intérieure exacte et dans l'exécution extérieure.

C'est chez l'homme que l'organe du mouvement est le plus compliqué. Les muscles sont si nombreux qu'il ne lui est pas possible de les utiliser tous. L'homme porte toujours en lui une réserve d'organes inemployés. L'individu dont la profession est d'exécuter de fins travaux manuels utilise des muscles que n'emploie pas un danseur, et vice-versa. On peut donc dire que l'individualité se développe en n'utilisant qu'une partie d'elle-même.

Il faut pourtant qu'il y ait une animation suffisante des muscles pour constituer l'état normal. Il y a un quantitatif commun à tous les hommes, base sur laquelle s'édifient les infinies possibilités individuelles. Ce quantitatif normal n'est plus jamais actionné complètement ; la personnalité s'en trouve diminuée. On laisse inertes des muscles qui devraient normalement fonctionner, et cela suscite, non seulement une dépression physique, mais aussi une dépression morale. La rééducation des mouvements est donc toujours une source d'énergies spirituelles.

Mais ce qui fait mieux comprendre l'importance du mouvement, c'est de se pénétrer de cette relation directe entre la fonction motrice et la volonté. Toutes les fonctions de l'organisme sont en rapport avec le système nerveux, mais sont indépendantes de la volonté. Chaque organe a ses fonctions particulières ; et les cellules et les tissus ont acquis une structure adaptée aux fonctions qu'ils doivent remplir. On pourrait les comparer à des ouvriers spécialisés avec une telle perfection qu'ils ne peuvent plus sortir de leur routine. La différence profonde entre ces organes et les fibres musculaires, c'est que celles-ci n'ont pas une fonction continue par elles-mêmes, bien que leurs cellules se soient aussi modifiées pour s'adapter à un travail spécial ; mais elles restent dans l'attente d'un ordre pour agir et, sans ordre, elles n'agissent pas. On pourrait les comparer à des soldats tenus en haleine et préparés, par la discipline et la promptitude, à l'obéissance.

Les cellules qui ont des fonctions fixes, telles que de produire le lait, la salive, d'absorber l'oxygène ou d'éliminer les substances nocives, participent toutes ensemble à l'économie du corps ; l'organisation d'un travail déterminé est la chose essentielle qui maintient le bon fonctionnement de l'ensemble. Au contraire, l'exercice des cellules musculaires doit être libre, agile et rapide, pour que celles-ci soient toujours prêtes à obéir à un ordre. Mais elles doivent auparavant subir une préparation, une organisation qui ne se réalise qu'après de longs exercices, et réunit, coordonne les différents groupes qui doivent participer à l'exécution exacte d'un ordre. La discipline doit faire partie de cette organisation qui permet à un ordre venu de l'intérieur d'atteindre tous les points de l'individu ; c'est alors que l'ensemble peut accomplir des miracles.

A quoi servirait la volonté sans son instrument ? C'est par le mouvement que la volonté se répand dans chaque fibre et se réalise.

Nous assistons à l'effort que fait l'enfant et aux luttes qu'il soutient pour atteindre à cette réalisation. L'aspiration, ou plutôt l'impulsion de l'enfant est de perfectionner cet instrument sans lequel il n'est rien. Il ne serait, sans lui, qu'une image de l'homme, mais non pas un homme. Il ne pourrait agir selon sa volonté, parce qu'il n'aurait pas de volonté. Il ne pourrait pas communiquer au monde les fruits de son intelligence, parce que son intelligence ne donnerait pas de fruits. L'instrument de cette fonction immatérielle qu'est la volonté n'est pas seulement un instrument d'exécution, mais aussi de *construction*.

Une des manifestations les plus inattendues et, par conséquent, les plus surprenantes des enfants agissant par eux-mêmes dans nos écoles, a été leur amour de l'exactitude dans l'exécution de leurs actes. L'enfant qui jouit de cette liberté vitale s'attache moins aux images visibles qu'à l'exactitude de ses actions. L'esprit semble alors tendu vers l'existence, vers la réalisation de soi-même. C'est un chercheur qui se manifeste, c'est l'homme qui sort des nuages, comme une créature indéfinie et rayonnante qui cherche sa forme.

Les instincts-guides

Il y a, dans la nature, deux formes d'existence : celle de l'adulte et celle de l'enfant, assez différentes, et même en antagonisme.

La vie de l'adulte est caractérisée par la lutte, que ce soit pour l'adaptation nécessaire illustrée par Lamarck, ou pour la concurrence et la sélection naturelle illustrée par Darwin.

On pourrait comparer ce qui se passe chez les animaux adultes aux événements de la vie sociale chez les hommes : les efforts pour la conservation de la vie et la défense contre les ennemis ; il y a lutte et peine pour s'adapter à l'ambiance et, finalement, amour et conquête sexuelle.

Darwin attribue l'évolution, c'est-à-dire le perfectionnement des êtres, à ces efforts et à ces concurrences entre les espèces ; et il explique la survivance des corps comme des historiens matérialistes ont attribué aux luttes et aux concurrences entre les hommes l'évolution historique de l'humanité.

Mais tandis que, pour expliquer l'histoire des hommes, il n'y a d'autres arguments possibles que les aventures des adultes, il n'en est pas ainsi dans la nature. Et même, la véritable clef qui permet de constater les innombrables et étonnantes variétés des individus, se trouve dans le chapitre réservé aux enfants. Avant d'être assez forts pour lutter, tous les êtres vivants ont été faibles ; et tous ont commencé par un stade où leurs organes ne pouvaient s'adapter, puisqu'ils n'existaient pas. Et il n'y a pas un être vivant qui ait commencé par être adulte.

Il y a donc une partie occulte de la vie qui doit avoir une autre forme, d'autres moyens, d'autres motifs, tout différents de ceux qui apparaissent, qui ressortent au plein jour dans les rapports entre l'individu puissant et l'ambiance. C'est le chapitre qui pourrait s'appeler : « L'enfant dans la nature ». C'est là qu'est la véritable clef de la vie, parce que ce qui se passe chez l'adulte ne peut expliquer seul les mystères de la survivance.

Les observations des biologistes sur la vie enfantine ont relevé des réalités stupéfiantes, des possibilités sublimes qui remplissent de poésie — presque de religion — la nature vivante tout entière. La biologie a su mettre en lumière le sens de création et de conservation de l'espèce, illustrant certains instincts qui guident intérieurement les êtres vivants; pour distinguer ceux-ci de la masse des instincts impulsifs ayant une relation immédiate entre l'être et l'ambiance on peut les appeler : « instincts-guides ».

On a toujours, en biologie, réuni tous les instincts existant en deux groupes fondamentaux, d'après leur finalité : ce sont les instincts de conservation de l'individu et ceux de conservation de l'espèce. Les luttes, contenues en tous deux, sont révélées par des épisodes passagers, par des rencontres entre l'individu et l'ambiance. Ce caractère épisodique est représenté dans l'instinct de conservation de l'individu par la défense contre les événements défavorables ou menaçants, alors que, dans l'instinct de conservation de l'espèce, dans les relations entre individus, il est représenté par l'union ou la rivalité sexuelles.

Ce furent, d'ailleurs, les premiers détails reconnus et étudiés par la biologie. Mais de meilleures études sur les instincts de conservation de l'individu et de l'espèce dans leur caractère permanent vinrent ensuite : c'est ainsi que furent définis les instincts-guides. L'existence même de la vie y est liée, dans sa fonction cosmique ; ce ne sont pas des réactions extérieures de la vie, mais de délicates sensibilités internes, de même que la pensée pure est une qualité intérieure de l'esprit. On pourrait les considérer comme des pensées divines s'élaborant dans l'intimité de l'être vivant, pour l'aider dans son action sur le monde extérieur. Les instincts-guides ont, par conséquent, au lieu du caractère impulsif de la lutte épisodique, le caractère d'une intelligence, d'une science, qui conduit les êtres à travers leur voyage dans le temps (les individus) et dans l'éternité (l'espèce).

Les instincts-guides sont particulièrement étonnants quand ils inspirent et protègent l'enfant tout au début de sa vie, quand l'être est encore inexistant ou pas mûr, en plein développement, lorsqu'il n'a pas encore les caractères de l'espèce, ni sa force, ni sa résistance, ni ses armes biologiques pour la lutte, ni l'espoir de la victoire finale, dont le prix est la survivance.

Ici, le guide agit tout à la fois comme une forme de maternité et comme une forme d'éducation mystérieuse, intimement cachée comme le secret de la création. Il sauve ce qui est inerte, ce qui n'a pas la force en soi de se sauver.

Un de ces instincts a trait à la maternité ; il a été illustré par Fabre et par les biologistes modernes, comme étant la clef de la survivance des êtres ; l'autre concerne le développement de l'individu et a été illustré, dans les périodes sensibles, par le savant hollandais De Vries.

L'instinct de maternité n'est pas en liaison seulement avec la mère, quoique celle-ci soit la procréatrice directe de l'espèce, et qu'elle ait la part maximum dans ce devoir de protection, mais il existe chez les deux parents ; et il atteint quelquefois toute une société d'individus. En étudiant plus profondément tout ce qui s'appelle instinct maternel, on finit par reconnaître dans celui-ci une mystérieuse énergie, qui n'est pas nécessairement dédiée aux êtres vivants, mais qui existe pour la protection de l'espèce, même sans matière, comme l'exprime la Bible : « J'étais avec toi dans l'univers avant même que rien n'existât. »

On désigne d'ailleurs, en général, par instinct maternel l'instinct-guide de la conservation de l'espèce. Il y a certaines caractéristiques qui commandent dans toutes les espèces : c'est un holocauste de tous les autres instincts existant chez l'adulte et auquel est reliée sa survivance. L'animal féroce peut extraire de lui une douceur et une tendresse qui contrastent avec sa nature : l'oiseau qui vole, tant pour chercher sa subsistance que pour fuir les périls, ne sort plus et veille sur son nid, trouvant d'autres défenses que la fuite devant le danger. Les instincts de l'espèce changent brusquement de caractère. En outre, l'aptitude à la construction, au travail, disparaissent, à ce moment, en de nombreuses espèces. On ne rencontre jamais ces aptitudes chez les animaux pour eux-mêmes, parce que, à l'état adulte, ils s'adaptent à la nature, à peu près comme ils la trouvent. Le nouvel instinct de protection de l'espèce donne donc lieu à un travail de construction, dont le but est de préparer l'abri, le refuge pour les nouveau-nés ; et chaque espèce a, pour cea, un guide déterminé. Aucune ne prend au hasard le premier matériel rencontré, ni ne construit en s'adaptant au lieu ; non. L'indication est établie et précise. Les manières de construire les nids sont justement des caractères qui différencient les variétés d'oiseaux. Il y a, chez les insectes, des exemples stupéfiants de constructions. En fait, les alvéoles des abeilles sont des palais d'une architecture géométrique parfaite, qu'une société entière contribue à construire pour y héberger les générations nouvelles. Il y a d'autres cas, moins visibles, mais extrêmement intéressants, de constructeurs exceptionnels, telle l'araignée, qui sait tendre de larges filets à ses ennemis. Tout à coup, l'araignée change radicalement son travail ; et, oubliant ses ennemis et ses propres nécessités, elle se met à confectionner un tout petit sac dans une substance nouvelle, fine et serrée, entièrement imperméable, souvent à double paroi, qui en fait un refuge excellent dans les endroits froids et humides où vivent certaines variétés d'araignées : donc, une véritable science en face des exigences du climat. C'est là-dedans que l'araignée dépose ses œufs. Mais la chose curieuse, c'est que l'araignée aime ce sac avec véhémence. On a constaté, dans certaines observations de laboratoire, que cette araignée au corps gris et visqueux, dans lequel on chercherait vainement un cœur, peut mourir de douleur devant son sac déchiré et détruit. Et, de fait, il se trouve que l'araignée est aussi attachée à sa construction que le sac semble faire partie de son corps. Donc, elle aime le sac ; mais pas du tout les œufs ni les petites araignées vivantes qui en sortiront. Il semble même qu'elle ne s'aperçoive pas de leur existence. L'instinct a amené cette mère à faire un travail pour l'espèce sans que l'être vivant en soit l'objet direct. Cela peut donc être un « instinct sans objet », impossible à refréner, qui représente l'obéissance au commandement intérieur et fait aimer ce qui est commandé.

Il y a des papillons qui, durant toute leur vie, ont puisé le nectar des fleurs sans connaître d'autre attrait ni d'autre nourriture. Mais, le moment venu de déposer leurs œufs, leur instinct de nutrition change et ils sont conduits vers un milieu différent, vers le milieu adapté à l'espèce nouvelle, qui a besoin d'autres aliments. Or ces papillons ne connaissent pas de tels aliments, pas plus qu'ils ne connaîtront, d'ailleurs, les individus qui descendront d'eux. Ils portent en eux un commandement de la nature, étranger à leur individu. La coccinelle et autres insectes similaires ne déposent jamais leurs œufs sur les feuilles qui doivent servir d'aliment aux petites larves, mais sur la face inférieure de ces feuilles, afin qu'ils y soient à l'abri. Une telle « réflexion intelligente » est faite par une quantité d'insectes qui, d'ailleurs, ne se nourrissent jamais des plantes qu'ils choisissent pour leur descendance. C'est qu'ils connaissent, théoriquement, le chapitre de l'alimentation de leurs petits. Et encore, prévoient-ils les dangers de la pluie et du soleil.

L'adulte, dont la mission est de protéger les êtres nouveaux, modifie donc ses propres caractères et se transforme lui-même, comme si le temps était arrivé où la loi habituelle doit changer, à cause d'un grand événement survenu dans la nature. C'est le miracle de la création. Et alors, ces animaux font quelque chose qui n'est pas vivre : c'est, dirait-on, un rite qui s'accomplit autour de ce miracle.

Cet instinct directeur intime, fin, est relié à ce qu'on pourrait appeler le dépôt-base des instincts créateurs. C'est dans ce laboratoire grandiose que se trouvent les sources à qui l'espèce doit sa survivance.

La vie est guidée vers son salut par des instincts qui se trouvent dans l'être en voie de développement, aussi bien que dans l'adulte ; ces instincts le secondent, lui qui préparent des moyens d'existence ; sans être perceptibles, sans être visibles, ils apportent leur contribution au creuset des miracles.

A regarder dans son ensemble le monde des adultes, on peut dire qu'il y a, de temps en temps, rupture des lois ; de ces lois qui sont les plus frappantes dans la nature, et qu'on croyait absolues et impérissables. Voilà brisées ces lois invincibles ; elles s'arrêtent, laissant le pas à quelque chose de supérieur, et se pliant devant des faits qui contrastent avec elles-mêmes. C'est ainsi que la vie se maintient. Ce sont les ruptures qui la renouvellent, qui lui permettent de s'enfoncer dans l'éternité.

On pourrait se demander comment l'homme participe à ces lois de la nature. On dit que l'homme est comme une synthèse de tous les phénomènes naturels des êtres qui lui sont inférieurs ; il les résume et les dépasse... De plus, par le privilège de l'intelligence, il les relève des scintillantes splendeurs de son vêtement psychique fait d'imagination et de sentiment artistique.

Comment donc sont exposées, sous quel aspect apparaissent les deux vies de l'humanité ? Elles n'apparaissent véritablement pas. Si nous cherchons dans l'humanité, il nous faut bien dire qu'il se trouve un monde d'adultes où dominent la lutte, l'effort pour l'adaptation, l'anxiété de la victoire extérieure. Ce qui se passe chez les hommes aspire à la conquête et à la production, comme s'il n'y avait rien d'autre à envisager. Si l'adulte considère l'enfant, il le fait avec cette logique qu'il met dans sa propre vie : il voit un être différent de lui, inutile. Ou bien, avec ce qu'on appelle « éducation », il fait un effort pour l'attirer prématurément et directement dans sa propre forme. Et il agit comme agirait (si jamais c'était possible) un papillon qui romprait le cocon de sa nymphe pour l'inviter à voler, ou une grenouille qui sortirait son têtard de l'eau, en essayant de le faire respirer avec les poumons, et de changer en vert sa couleur noire qui lui déplairait.

C'est à peu près ainsi que l'homme agit avec ses enfants ; l'adulte exhibe devant eux sa propre perfection, sa propre maturité, son propre exemple historique, en demandant qu'on l'imite. Il ne pense absolument pas que les caractères différents de l'enfant rendraient nécessaire la création d'une ambiance différente, avec des moyens adéquats.

Comment peut-on expliquer une telle erreur de compréhension, précisément chez l'être le plus élevé, le plus évolué, et doué d'intelligence ; chez le dominateur de l'ambiance, la créature puissante, capable d'un travail incommensurablement supérieur aux autres ?

Lui, l'architecte, le constructeur, le producteur, fait moins pour son petit qu'une abeille, moins qu'un insecte, moins qu'aucune autre créature.

Est-il possible que l'instinct-guide le plus élevé, le plus essentiel à la vie, manque totalement à l'humanité, et que celle-ci soit vraiment inerte et aveugle devant les phénomènes les plus bouleversants de la vie universelle dont dépend l'existence de l'espèce ?

L'homme devrait sentir parallèlement quelque chose d'analogue à ce qu'éprouvent les autres êtres. Puisque tout, dans la nature, se transforme, mais que rien ne se perd, que les énergies qui régissent l'univers sont simplement mal distribuées, elles existent, même déviées de leur objet.

Où l'homme constructeur édifie-t-il le monument destiné à l'enfant ? C'est une exaltation de beauté qui devrait exister, où l'homme esprimerait l'art le plus élevé : celui qui ne se contamine pas et ne se modèle sur aucun besoin extérieur, où une impulsion d'amour généreux ferait accumuler des richesses non utilisables dans le monde de la production. Il existe des endroits où l'homme éprouve le besoin de suspendre et d'oublier ses caractères habituels ; où il perçoit que la partie essentielle de la vie, ce n'est pas la lutte. Et où donc perçoit-il comme une vérité profonde que, de surpasser les autres, ce n'est pas le secret de la survivance, ni la partie importante de l'existence ? C'est la préoccupation de l'individu. Où l'abandon de soi semble-t-il la vraie chose vivifiante ? N'y a-t-il pas quelque lieu où l'âme aspire à rompre avec les lois d'airain qui l'attachent au monde extérieur ? N'y a-t-il pas une attente anxieuse de miracle ? Le besoin de recourir au miracle pour continuer la vie ? Et aussi l'aspiration vers quelque chose qui reste hors de la vie individuelle, qui va plus loin et qui s'étend au long de l'éternité ?

C'est sur cette voie-là qu'est le salut. C'est dans ces lieux-là que l'homme sent le besoin de renoncer à son raisonnement laborieux, et qu'il est prêt à croire à ce qui ne se raisonne pas. Ce sont ces sentiments-là qui devraient être suscités chez l'homme par les faits analogues qui conduisent les êtres vivants à suspendre leurs propres lois, à faire un holocauste d'eux-mêmes, afin de mener la vie vers l'éternité. Oui, il y a des lieux où l'homme n'éprouve plus le besoin de conquête, mais seulement celui de se purifier : un besoin d'innocence, de simplicité et de paix. Dans cette paix innocente, l'homme cherche un renouvellement de vie, presque une résurrection du monde pesant.

Oui ! il doit exister dans l'humanité des sentiments grands, en contradiction avec ceux de la vie courante ! Voix divine que personne ne peut étouffer et qui appelle à grands cris les hommes, qui les appelle pour qu'ils se recueillent, en les retenant autour de l'enfant.

L'intelligence de l'amour

Tout le travail qui s'élabore selon les lois de nature et met les êtres en harmonie affleure à la conscience sous forme d'amour. C'est, si l'on peut dire, le contrôle du salut et 1e signe de la santé.

L'amour n'est pas la cause, mais l'effet ; ainsi, les planètes reçoivent la lumière d'un astre majeur. C'est l'instinct qui est le moteur, la poussée créatrice de vie ; en réalisant la création, il engendre l'amour ; l'amour emplit, par conséquent, la conscience de l'enfant ; sa création se fait à travers l'amour.

Cette poussée irrésistible, qui unit l'enfant aux choses pendant les périodes sensibles, est bien un amour de l'ambiance. Ce n'est pas l'amour au sens où on l'emploie communément pour exprimer un sentiment émotif ; mais c'est un amour de l'intelligence qui voit, absorbe et se construit en aimant. Ce guide, qui force les enfants à observer, on pourrait le désigner d'une expression dantesque : « Intelligence de l'amour ».

C'est bien une forme de l'amour, cette possibilité qu'a l'enfant d'observer avec une telle minutie, une telle véhémence tout ce qui l'entoure, et d'y découvrir ce qui nous échappe, à nous, qui sommes déjà éteints. N'est-ce pas un caractère de l'amour, cette sensibilité qui fait voir ce que d'autres ne voient pas, qui recueille des détails dont d'autres ne s'aperçoivent pas, et qui apprécie des qualités cachées, que seul l'amour fait découvrir ? L'intelligence de l'enfant absorbe en aimant et non pas avec indifférence ; cette absorption active, ardente, minutieuse, constante de l'amour est un caractère propre aux enfants.

Cela est apparu à l'adulte comme de la vivacité, de la joie, de l'intensité de vie. Et il l'a admis comme un caractère de l'enfant sans, toutefois, y reconnaître l'amour, c'est-à-dire l'énergie spirituelle, la beauté morale, qui accompagne la création.

L'amour de l'enfant est encore pur de contradictions. La nature lui commande d'absorber ; ainsi fait-il, pour se construire lui-même.

L'adulte est, pour lui, un objet particulier d'amour. L'enfant reçoit de lui objets et aides matérielles ; il lui demande aussi, avec ardeur, ce qui lui est nécessaire pour se former. L'adulte est l'être vénérable d'où sortent les mots qui lui serviront à se guider et à se construire son propre langage. Les paroles de l'adulte sont, pour l'enfant, un stimulant surnaturel. C'est lui qui, par ses actes, indique à l'enfant, qui sort du néant, comment se meuvent les hommes : les imiter, c'est entrer dans la vie. Les actes et les paroles de l'adulte l'enveloppent et le fascinent jusqu'à le suggestionner. C'est pour cela qu'il y est si sensible, et qu'il disparaît si facilement pour laisser l'adulte agir en lui. L'incident de l'enfant qui avait déposé ses souliers sur la couverture de lit est une démonstration de ce que peut être l'obéissance qui atteint à la suggestion. L'adulte grave dans la mémoire de l'enfant, absolument comme un burin incise dans la pierre. Aussi l'adulte devrait-il mesurer les mots qu'il dit devant l'enfant, parce que celui-ci est avide de saisir ; c'est un véritable accumulateur d'amour. L'esprit de l'enfant est disposé, jusqu'à ses racines, à l'obéissance. Seulement, quand l'adulte lui demande de renoncer à la commande du moteur qui le construit avec des lois inaltérables, l'enfant ne peut pas obéir. C'est comme si, à l'époque de la dentition, on lui demandait d'arrêter celle-ci, d'empêcher ses dents de sortir. Les caprices et la désobéissance de l'enfant sont les explosions d'un conflit vital entre sa poussée créatrice et son amour de l'adulte, qui ne le comprend pas. Quand, au lieu de l'obéissance, celui-ci rencontre le caprice, il doit toujours penser à ce conflit ; il est en train de compromettre un acte vital, nécessaire à la croissance de l'enfant.

L'enfant n'entend jamais dire que ceci : « L'adulte aime les enfants... Les maîtres aiment les enfants... » et aussi : « Il faut enseigner aux enfants à aimer ; à aimer sa mère, son père, son maître ; à aimer les hommes, à aimer les animaux, les fleurs et toutes choses. »

Qui donc le lui enseignera ? Qui sera ce maître d'amour ? Sans doute, celui qui traite de caprices toutes les manifestations de l'enfant et qui ne pense qu'à se défendre de lui ? Il est évident qu'il ne pourra être ce maître d'amour ; parce qu'il n'a plus cette sensibilité, cette « intelligence de l'amour ».

C'est, au contraire, l'enfant qui l'aime. Il désire l'adulte présent. Son délice est d'appeler son attention sur lui : « Regarde-moi... reste près de moi... »

Quand il va se coucher, le soir, l'enfant appelle la personne qu'il aime et la supplie de ne pas l'abandonner. Quand nous allons à table, le tout-petit enfant, celui qui est encore au biberon, voudrait venir avec nous ; rester là, tout près, non pour manger, mais pour nous regarder. L'adulte passe à côté de cet amour mystique sans s'en apercevoir. Et ce petit être qui nous aime grandira et disparaîtra. Qui donc nous aimera jamais comme lui ? Qui nous appellera jamais, sur le point d'aller se coucher, en disant : « Reste... » Plus tard il dira, indifférent : « Bonsoir. Bonne nuit. » Et qui aura un pareil désir de nous regarder, simplement pour nous voir, pendant que nous mangeons, tout en restant à jeun ? Nous nous défendons contre cet amour qui passera. Et nous n'en trouverons plus un pareil. Trépidants, nous disons : « Je n'ai pas le temps. Je ne peux pas. J'ai beaucoup à faire. » Et nous pensons, en nous-mêmes : « Il faut que ce petit se corrige, sans quoi nous serons esclaves. » Ce que nous voulons, c'est nous libérer de lui, pour faire ce qui nous plaît, pour ne pas renoncer à nos commodités.

Un caprice terrible est celui qui consiste à éveiller ses parents, le matin, quand ceux-ci dorment encore. La nurse, quand les conditions sociales le permettent, doit empêcher cela, avant tout. La nurse est la gardienne du sommeil matinal des parents.

Pourtant, quoi donc, sinon l'amour, pousse l'enfant, à peine éveillé, à chercher ses parents ? Et que pourrait bien faire l'enfant, en sautant à bas de son lit, quand arrive le soleil ? Il va chercher ses parents qui dorment encore, comme pour leur dire : « Apprenez à vivre selon la nature. Voilà la lumière ; le matin est là. » Et il court, simplement pour revoir ceux qu'il aime. Sans doute, la chambre est encore sombre ; l'enfant avance en trébuchant, le cœur serré par la peur de l'obscurité ; mais il surmonte tout et arrive très doucement... il touche ses parents... Le père et la mère le grondent... « Je t'ai dit de ne pas me réveiller, le matin... » — « Mais je ne t'ai pas réveillée, dit l'enfant, je t'ai seulement touchée. Je voulais seulement t'embrasser. »

C'est comme s'il disait : « Je ne voulais pas vous éveiller matériellement, mais seulement appeler votre esprit… »

Oui, l'amour de l'enfant est très important pour nous. Père et mère dorment toute la vie ; ils ont tendance à dormir sur toutes choses ; il est nécessaire qu'un être neuf les secoue et les soutienne avec une énergie fraîche et vive, qui n'existe plus en eux. Il faut un être qui agisse différemment et qui vienne dire, chaque matin : « Il y a une autre vie, que tu as oubliée. Apprends à vivre mieux. »

Vivre mieux ; sentir l'amour nous toucher… L'homme dégénérerait sans l'enfant qui l'aide à s'élever. Si l'adulte ne se réveille, peu à peu une dure écorce le recouvrira et le rendra insensible.

Table

III

Achevé d'imprimer en janvier 2001 dans les ateliers de Normandie Roto Impression s.a. 61250 Lonrai
pour le compte des Éditions Desclée de Brouwer – N° d'imprimeur : 01-0034
Dépôt légal : janvier 2001. – *Imprimé en France*